Karl Ballmer

Elf Briefe über Wiederverkörperung

Erweiterte Neuausgabe

Edition LGC
Siegen / Sancey le Grand
2019

Veröffentlicht aus dem Nachlass Karl Ballmers mit freundlicher Genehmigung des Staatsarchivs des Kantons Aargau (Schweiz). Die Herausgabe besorgten Martin Cuno und Peter Wyssling.

Die Neuherausgabe aller im Buch enthaltener Texte Karl Ballmers erfolgt unter weitestgehender Berücksichtigung des beim Staatsarchiv befindlichen umfangreichen Originalmaterials (Briefe verschiedener Absender, Manuskripte, Notizen, etc.).

Die Verfügungsrechte am schriftlichen Nachlass Karl Ballmers (1891-1958) befinden sich beim Staatsarchiv des Kantons Aargau. *Edition LGC* befasst sich mit Erfassung und verlegerischer Erschließung.

Auf unserer Website finden Sie weitere Informationen, insbesondere:

- Informartionen zur Biographie und zum Nachlass Karl Ballmers
- Verzeichnis weiterer Schriften bei uns sowie in anderen Verlagen
- ergänzendes Material (z.B. von Ballmer besprochene Schriften anderer Autoren) zur vorliegenden Publikation

www.edition-lgc.de

Inhalt

Elf Briefe über Wiederverkörperung
(1953/1954)

8. Mai 1953

Sehr geehrter Herr Dr. L.!

Wie sich Tante Lieschen die Wiederverkörperung vorstellt – –

Verzeihen Sie, sehr geehrter Herr Dr. L., die Unhöflichkeit
dieser Anmerkung zu Ihrem Aufsatze „Über die Bedeutung der
Wiederverkörperungslehre für das Verständnis der Geschichte"
im Mai-Heft der „Blätter für Anthroposophie".

Mit freundlichen Grüßen

Der Theosoph Rudolf Steiner sieht keine Nötigung, die von Ernst
Haeckel sichergestellten Tatsachen der Entwicklung haeckelisch
zu interpretieren. Warum übrigens konnte Haeckel an seinem For-
schungsobjekte eine selbständige „Seele" nicht entdecken? Doch
wohl aus dem einfachen Grunde, weil es den substanziellen BEGRIFF
„Mensch" (= Seele = Ich = Physischer Mensch als Geist) nur dann gibt,
wenn er jetzt und hier geschaffen wird. Die Erschaffung des Begriffes
„Mensch" ermöglichte *die theosophische Vertiefung Haeckels.* Diese
besteht in der theosophischen Lehre von der „Wiederverkörperung des
Geistes". – Man sollte heute bemerken, dass bei Haeckel unvermutet
das ehrwürdige *Universalienproblem* wieder auferstanden ist, das im
Mittelalter ungelöst bei den Scholastikern liegen blieb. Auf Haeckels
„Stamm", der nach theosophischer Anschauung die GATTUNG (den
Begriff) „Mensch" bedeutet, richtet sich erneut die alte Frage: Sind die
Gattungsbegriffe Realitäten oder nur zusammenfassende Nomina?
Können „Ideen" Wirklichkeiten sein? Gehört Haeckels „Stamm" nicht
auch zu den nominalistischen Fiktionen, trotzdem er eine überreiche

10. Mai 1953

Sehr geehrter Herr Dr. L.!

Man kann nicht sagen, dass die Menschen (die Meier, Müller, Huber, Schiller) „sich wiederverkörpern"; sondern man muss sagen: in wiederholten Erdenleben sind die Menschen (Meier, Müller, Huber, Schiller) *Teilnehmer* an den Wiederverkörperungen des (groß geschriebenen) MENSCHEN.

Nach dem Buche „Theosophie" ist Schiller: die Teilnahme seines „Geistesmenschen" an einer der Inkarnationen des groß geschriebenen MENSCHEN.

Es darf von den anthroposophischen Akademikern verlangt werden, dass sie Kenntnis nehmen von den Inhalten des

---

Fülle von empirischen Inhalten anzubieten scheint und Haeckel ihn als kausierend vorstellt (die Phylogenese die „Ursache" der Ontogenese)? Und Goethes „Typus" – ist das nicht ebenfalls die Sackgasse des Idealismus? – Die moderne Lösung des Universalienproblems statuiert: Indem der Platoniker Aristoteles das Programm Platons als Lehre von Stoff und Form, von Möglichkeit und Wirklichkeit der Naturdinge durchzuführen versuchte, musste er scheitern, wenn er nicht imstande war, von der *Identität* von Stoff und Form beim wirklichen Menschen auszugehen. – Das „Verhältnis" von Stoff und Form kann nur ein Selbstverhältnis der Welt, d. h. „Gottes", sein. Die Welt als Stoff (Bewusstsein) und Form (Wissen) ist der Physische Mensch als Sein Begriff (= Ich = Seele). – Vom anthroposophischen Gesichtspunkte aus ist einzig Jean Paul Sartre redlich, der verkündet, dass es den Begriff des Menschen nicht gibt.

vor fünfzig Jahren erschienenen Buches „Theosophie". Die physische Gestalt Schillers, heißt es in „Theosophie" (1. Aufl. S. 51), ist eine Wiederverkörperung der „menschlichen Gattungswesenheit", d. h. des groß geschriebenen Menschen. Die menschliche Gattung, heißt es, ist *eine*. Die menschliche Gattungswesenheit ist Einer. Als „Geistesmensch" ist Schiller seine eigene Gattung. Der Geistesmensch Schiller hat seine physische Gestalt – diese ist eine Wiederverkörperung der menschlichen Gattungswesenheit, die als Gattung Einer ist – „an sich getragen". Das heißt: Schiller ist *Teilnehmer* an einer der Verkörperungen des groß geschriebenen MENSCHEN.

Die Kapitelüberschrift „Wiederverkörperung des Geistes" bedeutet: Weltschöpfung. Wären die Meier, Müller, Huber und Schiller nicht *Teilnehmer*, sondern „*sich* Wiederverkörpernde", so müsste angenommen werden, die Meier, Müller, Huber und Schiller seien ihre eigenen Weltschöpfer. Diese Unterstellung wird man doch wohl lieber vermeiden wollen.

Ihr

Dritter Brief

11. Mai 1953

Sehr geehrter Herr Dr. L.!

Glauben Sie nicht, dass ich Sie mit meiner Zuschrift vom 8. Mai kränken wollte. Es geht um viel Ernsteres als um meine persönliche Ansicht. Ich halte den Zeitpunkt für gekommen,

die akademische „Gruppenseele", von der in meiner Arbeit
über die motorischen Nerven die Rede ist, zur Selbsterkenntnis
anzuregen.

Ich hätte am 8. Mai, um auszudrücken, was ich ausdrücken
wollte, ebensogut auch einen anderen Text setzen können,
zum Beispiel diesen:
Ein ausgewachsener Lizenziat der Theologie lässt den folgenden
Bocksgesang ertönen: „Wie Goethe in der einzelnen Pflanze
die Urpflanze wahrnahm, so nimmt das denkerisch klare
Geisterkennen im irdisch-verkörperten, sterblichen Menschen
die unsterbliche Individualität wahr, die von Erdenleben
zu Erdenleben schreitet. – Methodisch musste sich Rudolf
Steiner der Wiederverkörperungsgedanke angesichts des
Menschenreichs ergeben, so wie sich Goethe der Gedanke
der Urpflanze und der Metamorphose dem Pflanzenreich
gegenüber ergab." (DIE DREI, 18. Jahrg. S. 344). Ich meine,
solch ein Seelengärtner sollte sich durch „denkerisch klares
Geisterkennen" zu der nützlichen Einsicht verhelfen, dass er
ein Schwindler ist.

Oder, um die Schwindeleien der akademischen Gruppenseele
zu kennzeichnen, hätte ich mich ebensogut auf die Publikation
„GOETHE IN UNSERER ZEIT" (Dornach, 1949) beziehen
können. Dort (S. 161) bietet Dr. P. den Gedanken an: Ein
natürlicher Einzelmensch, also z. B. Schiller, sei die „Metamorphose" eines früheren Einzelmenschen X, indem X und
Schiller Verkörperungen einer geistigen Individualität (des
„Geistesmenschen" Schiller) sind. Das von X zu Schiller sich
hinüber „Metamorphosierende" wird als der „verbindende
Typus" bezeichnet. Daraus würde folgen, dass der „verbindende
Typus" (also der „Geistesmensch" Schiller) Weltschöpfer

ist. Ich meine mich höflich auszudrücken, wenn ich diesen hochgradigen Unsinn als Schwindel bezeichne.

Oder – es gibt ein anspruchsvolles Buch über „Die Reinkarnation des Menschen als Phänomen der Metamorphose". Man wird dem *Fleiß*, den Dr. W. auf dieses Buch verwendet hat, die Hochachtung nicht versagen wollen. Im übrigen liegt die Bedeutung dieses Buches darin, dass sein Verfasser auch nicht den Schimmer einer Ahnung davon zu haben scheint, dass die Kapitelüberschrift „Wiederverkörperung des Geistes" die schonende Umschreibung und Übersetzung des Begriffes „WELTSCHÖPFUNG" ist. Es ist lediglich eine Frage des Geschmacks, ob man von Unverstand oder von Schwindel sprechen will.

Ihre eigene Darstellung der Wiederverkörperung, sehr geehrter Herr Dr. L., könnte ebensogut einen andern Exponenten der akademischen „Gruppenseele" zum Verfasser haben. Sie schrieben (Blätter für Anthroposophie, 5. Jahrg. S. 173): „Am treffendsten ließe sich daher die Beziehung zwischen aufeinanderfolgenden Verkörperungen wohl als eine solche der *Metamorphose* fassen. Nur ist dann deutlich voneinander zu unterscheiden die Metamorphose der Pflanze, die Goethe entdeckt hat, und die „*Metamorphose* des Menschen", wie sie eben in Reinkarnation und Karma sich vollzieht. Im Pflanzenreich verläuft die Metamorphose so, dass ein Übersinnliches, das als solches für die Sinne verborgen bleibt, in einer Reihe verschiedener physischer Gestalten sich abbildet, die in kontinuierlicher Folge auseinander hervorgehen. Im Menschenreich dagegen verwandelt sich in rhythmischem Wechsel ein Sinnlich-Natürliches als solches in ein Geistig-Moralisches und ein Geistig-Moralisches als solches in ein Sinnlich-Natürliches, indem ein Geistig-Wesenhaftes selbst abwechselt zwischen einem Dasein im Elemente des rein Physischen und einem solchen im Elemente des rein Geistigen." – Sie scheinen nicht zu bemerken, dass Sie mit diesen Sätzen weiter nichts geben als eine Beschreibung des *Wortes* „Wiederverkörperung", wie es etwa im Konversationslexikon vorkommt.

Mit der Formel „Wiederverkörperung des Geistes" ist das Problem der WELTSCHÖPFUNG gestellt, von dem die Theologen dahertönen – bei ihrem Hornberger Schießen. Es ist stark rührend, wenn Herr Dr. W. mitteilt (S. 7 seines Buches über die Wiederverkörperung): er sei sowohl in Europa wie in Amerika Theologen begegnet, welche die „Eingliederung der Reinkarnations-Idee in das christliche Weltbild" nicht nur für möglich, sondern für notwendig ansehen. – Was doch die Theologen für Sorgen haben, bevor sie auf den Gedanken kommen, es wäre sehr an der Zeit, dass das „christliche Weltbild" durch das Weltbild der Anthroposophie abgelöst wird!

Ihr

Vierter Brief

12. Mai 1953

Sehr geehrter Herr Dr. L.!

Die Herren Repräsentanten der akademischen Gruppenseele sprechen ebenso anspruchsvoll wie undelikat vom „*Subjekt der Wiederverkörperung*" (vgl. DIE DREI, 18. Jahrg. Heft 6).

Wenn nun die Menschen (die Meier, Huber, Schiller usw.) *Teilnehmer* sind an den Wiederverkörperungen des MENSCHEN, so ist „der Mensch" das primäre Subjekt der Wiederverkörperung, während die „Geistesmenschen" der Meier, Huber, Schiller usw. als sekundäre Subjekte der Wiederverkörperung bezeichnet werden können.

Die Theologen spitzen die Ohren, wenn die Gruppenseele zum „Subjekt der Wiederverkörperung" Musik macht. Wie werde ich zu einem verantwortungsfähigen *Theologen* über die in dem Buche „Theosophie" geschilderte „Wiederverkörperung des Geistes" sprechen? Ich werde dem Theologen zu sagen haben: Das Subjekt der Wiederverkörperung ist der von euch Theologen als Schöpfer beschriebene *Gott*. Denn in der Theosophie figuriert „der Mensch" an der Stelle, an die von den Theologen „Gott" gesetzt wird. Die theologischen Abstraktionen „Schöpfer" und „Schöpfung" bekommen in der Theosophie und Anthroposophie erstmals einen Inhalt; die Theologen können die Gelegenheit wahrnehmen, unter dem Titel „der Mensch" das absolut transzendente Wesen zu erfragen, dem sie voreilig den Namen „Gott" gegeben haben.

Der Theologe lernt: Die „Geistesmenschen" der Meier, Huber, Schiller usw. sind *Teilnehmer* an den Wiederverkörperungen Gottes. Seine Wiederverkörperungen sind Schöpfung des Schöpfers, und der Schöpfer *ist* diese seine Schöpfung. Selbst Karl Barth wird zur Kenntnis nehmen müssen, dass die anthroposophische menschliche „Gattungswesenheit" nun doch nicht in dem Kapitel über Ludwig Feuerbach zu bewältigen ist. Und was eine katholische Naseweisheit betrifft, die blindlings mit der Diagnose „Pantheismus" zur Hand ist, so sei ihr das sorgfältige Studium der Anthroposophie empfohlen.

Herr Dr. P. sagt (DIE DREI, 18. Jahrg. S. 346): „Die Bemühung um das präzise Erkennen des *Subjektes der Wiederverkörperung* lohnt sich. Sie besteht in einem Erkenntnisgange, der viel weiter führt als bloß zu einer Definition des Ichbegriffes, da er den Menschen (Dr. P. meint: die Meier, Huber usw.) lehrt, sein eigenes Ich und das anderer Menschen zu *beobachten*." Dazu sage ich – mit Verlaub: Schwindel! Ich betrachte es als meine Aufgabe, die akademische Gruppenseele darauf aufmerksam zu machen, dass sie – schwindelt.

Ihr

Fünfter Brief

13. Mai 1953

Sehr geehrter Herr Dr. L.!

Der Lizenziat der Theologie E. B. nimmt mit „denkerisch klarem Geisterkennen" in den Menschen deren unsterbliche Individualität wahr, die von Erdenleben zu Erdenleben schreitet (DIE DREI, 18. Jahrg. S. 344). Wer nicht gerade im ersten Semester seines Anthroposophiestudiums steht, wird sich gegen einen derartigen Renommierschwatz distanzieren wollen. Man kann aus den Materialien der Geisteswissenschaft die Prämisse entnehmen, nach der sich die von E. B. gemeinte Wahrnehmung der von Erdenleben zu Erdenleben schreitenden Individualitäten zu richten hat. Die Materialien lehren, dass auf dem hier in Betracht kommenden Gebiete dem höheren Erkennen die Eigentümlichkeit anhaftet, dass das zu erkennende Objekt vom Erkenner zugleich *geschaffen* wird. Wünscht der Herr Lizenziat als der Schöpfer der Individualitäten, die er von Erdenleben zu Erdenleben schreiten sieht, respektiert zu werden?

Der Theologe gerät in Verlegenheit und in die Gefahr des Unredlichseins, wenn er den Gedanken denken soll, dass die unsterblichen Menschenindividualitäten Geschöpfe eines Schöpfers sind; er kann sich bei dem Gedanken eines Schöpfers nichts denken. Dem Theologen, der sich auch nichts dabei denken kann, wenn er zufällig Anthroposoph ist, entspricht es dann, dem „Metamorphosen"-Gedanken der schwindelnden akademischen Gruppenseele zu huldigen, der die natürlichen Einzelmenschen Müller, Huber, Schiller usw. als ihre je eigenen Schöpfer fingiert.

Die von E. B. beehrte „unsterbliche Seele" oder „unsterbliche Individualität" gehört zum Trauminventarium der Menschheit durch die Jahrtausende. Wo es aus Gewohnheit und im alt-hergebrachten Stil das schöngeistige Zwitschern über die „unsterbliche Seele" gibt, da kann es dann gewiss auch die so sehr ansprechende „Idee" der wiederholten Erdenleben geben – mit der ganzen Unverbindlichkeit einer idealistischen „Idee". Man soll aber nur nicht etwa die anthroposophische Geisteswissenschaft mit der Unterstellung beleidigen, ihr Respekt vor den Tatsachen der modernen Naturerkenntnis sei derart unentwickelt, dass sie ihrerseits im bekannten Stile von Religionsbekenntnissen und hehren Idealismen von „unsterb-licher Seele" spreche. Die „moderne Weltanschauung", wenn sie gründlich und redlich ist, kennt keine „unsterbliche Seele". Als Rudolf Steiner in seiner „Philosophie der Freiheit" die „Grundzüge einer modernen Weltanschauung" beschrieb, gehörte die geschätzte „unsterbliche Seele" nicht zum Inventar dieser Weltanschauung. Leute von besonderer Unbegabtheit haben daraus den Schluss gezogen, der Autor der „Philosophie der Freiheit" habe seine Weltanschauung geändert, um die wiederholten Erdenleben zu verkünden. Das ist ein treuherziger Unsinn. Vielleicht ist die Deutlichkeit nützlich, mit der ich das Folgende sagen möchte: Es gibt genau so viel „unsterbliche Seele", als jetzt und hier in der Gegenwart von der als Christus-Kraft wirkenden Geisteswissenschaft *geschaffen* wird. – Apropos Christentum: Nur sein absoluter Neubeginn kann dem Christentum seine Kontinuität garantieren.

Der anthroposophische Seelenglaube versteht unter „Ich" nicht die („substanzielle") Vernunftseele des Hl. Aristoteles, sondern versteht „Ich" als das Selbstopfer des Christus-Impulses. Der anthroposophische Seelenglaube beginnt beim COGITO des Descartes, nämlich bei dem anthroposophischen Ursatz: Ich denke, also bin ich nicht. Um nun *seiendes* „Ich" zu werden, habe ich mich mit dem Satze zu befassen: Ich werde vom MENSCHEN gedacht, also bin ich. Als freier Schöpfer meines „Ich" bin ich die Wirkung und das Geschöpf eines Andern. Ich muss selbst schöpferisch werden, um mich als Geschöpf zu wissen.

(Der Abschiedsgruß der Anthroposophie an die christlich-thomistische Seelenlehre des Kirchenvaters Aristoteles ist in dem Satze enthalten (Zyklus 34, 4, 8): „'Bin ich denn wahrhaft eine Seele ohne den Christus?' frägt man sich." – Nach Sankt Aristoteles gehört zu einem natürlichen Einzelmenschen eine „substanzielle" Seele – wie der Henkel zum Milchtopf gehört. Die Mittelmeerreligion leugnet, dass als Prinzip und Schöpfer von Seele nur der Christus-Impuls in Betracht kommen kann. Es gibt somit – nach dem Herderschen Kirchenlexikon – eine „natürliche Unsterblichkeit" der menschlichen Seele.)

Habe ich mir meine Vorstellung über das mich bezeichnende
„Ich" erobert, so können meine weiteren Eroberungen darin
bestehen, dass ich mir Vorstellungen darüber bilde, wie solches
„Ich" die physische Menschengestalt – als eine der Verkörperungen der „menschlichen Gattungswesenheit" – „an sich tragen"
(„Theosophie", 1. Aufl. S. 51) kann; oder anders gesagt: wie ich in
dem göttlichen Körper des MENSCHEN als Untermieter wohne. Auf diesem Eroberungszuge habe ich dann Gelegenheit, mir
die fatale Ansicht der akademischen Gruppenseele abzugewöhnen: ich sei als natürlicher Einzelmensch die „Metamorphose"
des natürlichen Einzelmenschen, der ich in meiner letzten
Inkarnation war.

Ihr

Sechster Brief

16. Mai 1953

Sehr geehrter Herr Dr. L.!

Ich will hier die Sätze des Dr. P. über den lohnenden Erkenntnisgang wiederholen, die ich in meinem vierten Briefe anführte,
um einige Überlegungen anzuschließen. Dr. P. sagt (DIE DREI,
18. Jahrg. S. 346): „Die Bemühung um das präzise Erkennen
des *Subjektes der Wiederverkörperung* lohnt sich. Sie besteht in
einem Erkenntnisgange, der viel weiter führt als bloß zu einer
Definition des Ichbegriffes, da er den Menschen lehrt, sein
eigenes Ich und das anderer Menschen zu beobachten."

Die Art, wie in diesen Sätzen auf Anthroposophie Bezug genommen wird, ist charakteristisch für die Gruppenseele. Ich bezeichne diese Äußerungsart der akademischen Gruppenseele als ein Herumreichen von anthroposophisch klingenden Sätzen, welche Sätze indessen bei näherem Zusehen – ich bitte um Verzeihung – die Frage herausfordern, ob da geschwindelt werde. – Tut Herr Dr. P. in den angeführten Sätzen beiläufig kund und zu wissen, er sei ein solcher, der die Iche von Meier, Huber, Müller usw. als Subjekte der Wiederverkörperung beobachtet? Wenn ja, dann würde mir diese Kundgabe seines Beobachtungsresultates leid tun – aus einem nicht unwichtigen Grunde. Die Mitteilung tut mir aus dem folgenden triftigen Grunde leid: Nicht die Iche der Meier, Müller, Schiller usw. schreiten von Erdenleben zu Erdenleben, sondern die respektiven „Geistesmenschen". Die Iche oder die Seelen der Meier, Müller, Schiller usw. lösen sich nämlich („Theosophie", 1. Aufl. S. 85) in einem bestimmten Zeitpunkte ihres Postmortem-Zustandes auf. Die „Theosophie" lehrt: Um das Schicksal des Geistes nach dem Tode kennen zu lernen, muss der Auflösungsprozess der Seele betrachtet werden. Der Geist wird in dem Augenblick seelenbefreit sein, „wenn die Seele in Auflösung übergeht". Wie könnten denn die Iche der Meier, Huber, Schiller usw. Subjekte der Wiederverkörperung sein, wenn sie sich zwischen zwei Erdenleben auflösen? – Dass die Meier, Huber, Schiller usw. „Geistesmenschen" sind (und damit *sekundäre* Subjekte der Wiederverkörperung), ist etwas total anderes als ihre Qualität als Iche. Dass man „Geistesmensch" ist, verdankt man nicht seinem Ich, auch nicht dem strebenden Bemühen seines Ich, sondern der vorauswirkenden Gnade der „menschlichen Gattungswesenheit", die als „der Mensch" *das* Subjekt der Wiederverkörperung seines Geistes und seiner Geister ist. Nicht weil man ein so wertvolles und hochgeschätztes Ich ist, sondern

20

einfach sofern man „Mensch" und als „Mensch" ein Geschöpf
der „menschlichen Gattungswesenheit" ist, untersteht man als
Geist dem Gesetz der Wiederholung und Wiederverkörperung.
– Anthroposophisch klingende Sätze, die herumgereicht
werden, können also von der „Theosophie" sehr weit entfernt
sein. Es ist nicht unmöglich, dass die Zumutungen des Buches
„Theosophie" als hart empfunden werden von Leuten, die mit
ihren Gedankenformen im Klima der Universität beheimatet
sind und die aus treuchristlicher Angewohnheit die schiefe
und krumme Vorstellung von der „substanziellen Einzelseele"
noch nicht los geworden sind.

Das vollständige Ausgelöschtwerden der Iche der Meier,
Huber, Schiller usw. wird im fünften Vortrage des Zyklus
32 beschrieben. Nur bis zu einem bestimmten Punkte des
nachtodlichen Zustandes reicht der Christus-Impuls aus,
um die *Erinnerung* an das Ich des vergangenen Erdenlebens
zu garantieren. Dann aber kann nur noch die Geist-Kraft
der „menschlichen Gattungswesenheit" (deren Helfer der
Christus bis zu jenem bestimmten Punkte ist) die ewigen
„Geistesmenschen" der Meier, Huber, Schiller usw. ewig
erschaffen. Nichts anderes als ihr ewiges Erschaffenwerden
garantiert ihnen Kontinuität und Dauer. (Man muss einen
Vortrag wie 32, 5 *lesen lernen*, vielleicht in langen Jahrzehnten.
Als zweckmäßige Vorübung zum Lesenkönnen betrachte ich
die Kenntnisnahme der geisteswissenschaftlichen Definition
des „Begriffes des Schöpfers" [Zyklus 7, 9, 10].)

Die Vorstellungen „unsterbliche Individualität" oder „Ewige
Individualität" oder die Vorstellung der Eigen-„Metamorphose"
als Selbstschöpfung der Meier und Müller haben etwas gemeinsam: sie schmecken nach jener spätbürgerchristlichen
Selbstgefälligkeit, die von der stattgefundenen Weltwende

noch keine Notiz genommen hat und noch immer geneigt
ist, das geschätzte Ich treuliberal zum Gotte aufzuplustern.
(Notabene: der theosophische Name für den theologischen
„Gott" heißt LUCIFER.)

Die Mitteilung des Dr. P., er „beobachte" außer dem eigenen
 Ich auch die Iche anderer Menschen, dürfte entsprechenden
Lesern die Vorstellung ansuggerieren, das zweite (Beobachtung
der Iche anderer Menschen) sei eine Steigerung und Vervoll-
kommnung des ersten (Wahrnehmung des eigenen Ich). Eine
betrübliche Sache. Denn die „Wahrnehmung der Iche anderer
Menschen" (Vortrag Nr. 3252) ist wesensmäßig etwas radikal
anderes als die Wahrnehmung des eigenen Ich; die beiden
Vorgänge sind zunächst nicht einmal kommensurabel, und
den zweiten als die Perfektionierung des ersten vorzustellen,
wäre vollkommen sinnlos. (Der besonders schwierige anthroposophische Begriff „Wahrnehmung der Iche anderer
Menschen" verlangt große Aufmerksamkeit; ich werde darauf
zurückkommen.)

Ihr

Siebenter Brief

17. Mai 1953

Sehr geehrter Herr Dr. L.!

Manch einer hat mit Beschämung zugesehen, wie die Sugges-
tion verbreitet wurde: es sei die Aufgabe der Akademiker,

einen Widerschein des auf ihnen ruhenden Schönglanzes der Universität wohltätig auf Rudolf Steiner fallen zu lassen. Die in Frage kommenden Herren bewiesen sich ihre diesbezügliche Mildtätigkeit, indem sie, wie die schmissige Formel lautet, als „Mitarbeiter" ihre bedeutende Gelehrtenpotenz „zur Verfügung stellten". Es gab, gegen alle Wahrscheinlichkeit, „Mitarbeiter" des Schöpfers der Anthroposophie! Einer ernannte feierlich mildtätig Rudolf Steiner zu seinem „wissenschaftlichen Lehrer", in der Buchwidmung: „Meinen wissenschaftlichen Lehrern Otto G… *und* Rudolf Steiner", – nur um durch das unwahrscheinlich schamlose „und" den Berliner Schönschein des an erster Stelle Genannten auf den Zweitplatzierten abfärben zu lassen. Solches gönnerisch mildtätige „und" musste dann wohl Schule machen. Etwa der Titel einer jüngeren Abhandlung: „Der Begriff des Geistes bei C. G. Jung *und* bei Rudolf Steiner" ist ebenfalls sehr lieblich (besonders wenn die Nötigung bestehen sollte, bei „Begriff des Geistes bei C. G. Jung" die Assoziation „Atheismus" zu bilden, oder auch die Assoziation „Materialismus", sofern die berühmten Jungschen „Archetypen" Gehirndispositionen sind). Dass es dieses vielsagende „und" geben konnte und gibt, deutet darauf hin, dass sich die akademische Gruppenseele in einem unvorteilhaften Klima aufhält.

Ich habe viel über die Schwierigkeiten nachgedacht, die sich der akademischen Gruppenseele im Umgang mit den Texten der Geisteswissenschaft ergeben. Ich will am Beispiel einer bestimmten Textstelle einige Gedanken über die gemeinten Schwierigkeiten versuchen. Ich wähle die berühmte Stelle im Zyklus 7, im 9. Vortrage auf Seite 10. Lassen Sie mich auf einem kleinen Umwege zu der berühmten Textstelle gelangen:

Ich werfe eine Frage auf, die zunächst ein wenig albern erscheint. Ich frage: „Was tut der Schöpfer?" Und jetzt entnehme ich aus den Materialien der Geisteswissenschaft die genau formulierte Antwort auf die ebenso genaue Frage. Die Antwort wird in der berühmten Stelle Zykl. 7, 9, 10 erteilt. Sie lautet: „Ein jegliches Wesen entwickelt sich vom Geschöpf zum Schöpfer." Also auf die Frage, „Was tut der Schöpfer?", antwortet die Geisteswissenschaft: „Ein jegliches Wesen entwickelt sich vom Geschöpf zum Schöpfer." Der Verstand des Akademikers weigert sich heftig, die Zusammengehörigkeit *dieser* Frage und *dieser* Antwort einzusehen. Der akademisch geschulte Verstand hat zu fordern: Wenn in der Frage nach dem Tun des Schöpfers gefragt sei, so müsse unvermeidlich in der Antwort eben auch vom Tun des Schöpfers die Rede sein. Der anspruchsvolle Akademikerverstand ist zunächst nicht geeignet, das Kongruenzverhältnis zwischen der genannten Frage und der zu ihr gehörenden Antwort zu bemerken. Die Folge wird sein, dass akademisch Denkgeschulte nicht fähig sind oder nicht gelaunt sein werden, sich mit der berühmten Stelle Zykl. 7, 9, 10, d. h. mit dem anthroposophisch strengen „Begriff des Schöpfers" zu befassen.

An der berühmten Stelle Zykl. 7, 9, 10 stellt die Geisteswissenschaft den wissenschaftlich verbindlichen *BEGRIFF DES SCHÖPFERS* auf. Die Stelle bedeutet die philosophisch verantwortliche *Definition* des Begriffes „Schöpfer". Ich will die Stelle im Wortlaute anführen: „… So gliedert sich uns zusammen der Begriff der Entwickelung von dem Punkte aus, wo man nimmt, bis zu demjenigen, wo ausgeströmt, geschaffen wird. Wir sehen den Begriff des Schöpfers vor unserem geistigen Auge erstehen, und da sagen wir uns: Also von dem Geschöpf zum Schöpfer entwickelt sich ein jegliches Wesen." – Wenn ich nun anthroposophisch klingende Sätze bilde (Sätze von der Art, wie sie herumgereicht werden) wie: „die Menschen entwickeln sich vom Geschöpf zum Schöpfer", oder: „wie alle anderen Wesen, so entwickeln sich die von Erdenleben zu Erdenleben schreitenden Meier, Müller, Huber usw. vom Geschöpf zum Schöpfer", so habe ich mir darüber klar zu sein, dass solche Sätze nur wahr sein können, sofern sie den Schöpfer definieren. – Die von R. ST. aufgestellte Definition des Begriffes „Schöpfer" erfüllt, nebenbei gesagt, einwandfrei die Anforderungen, die von der Logik an eine korrekte Definition gestellt werden. Eine Definition ist die Beschreibung des Inhaltes eines Begriffes; die Beschreibung soll aber so gehalten sein, dass vermieden wird, den zu definierenden Begriff als Bestandteil der Beschreibung zu verwenden. Ein logischer Schulfuchs, der die Definition des Begriffes „Dampfschiff" zu bilden hat, definiert nicht: „Dampfschiff ist ein mit Dampfkraft angetriebenes Schiff", weil „Schiff" und „Dampf" schon im zu definierenden „Dampfschiff" vorkommen; sondern er wird pfiffig korrekt definieren: „Dampfschiff ist ein mit thermischer Energie angetriebenes Wasserfahrzeug." Abgesehen davon, dass die Logik eine Angelegenheit von Schulfüchsen sein kann, ist sie eine sehr ernste Sache. So ist es – in diesem Zusammenhang – interessant und förderlich, sich zu vergegenwärtigen, dass der *Theologe* eine logisch ernsthafte Definition des Begriffes „Schöpfer" nicht aufzustellen vermag. Wollte man die theo-logische Aussage: „Gott der Schöpfer hat die Welt aus nichts erschaffen" als verbindliche *Definition* nehmen, so hätte man das Musterbild einer logisch unstatthaften Definition. In dieser Situation wählt der Theologe eine eigentümliche Ausflucht: Der Theologe entzieht sich der gefährlichen Auseinandersetzung mit dem drohenden Definitionsproblem durch die Flucht in die „Neurose" des „Glaubens", der eine von der Vernünftigkeit verschiedene innere Quelle haben soll. Aber nun wird der sterilen theologischen Gottesspekulation künftig der Gedanke entgegentreten, dass „Schöpfer" eine Eigenschaft der WELT ist – unter dem Gesichtspunkte „Entwicklung". Ein heutiger Theologe wird diesen letzten Satz zwanzig Jahre lang missverstehen, – auf zwanzig Jahre nämlich schätze ich die Zeit, die der Theologe für das ernsthafte Studium der Geisteswissenschaft aufzuwenden hätte, um den Gedanken, der Creator ex nihilo sei ein Können der Welt, nicht mit antiquierter Theologie misszuverstehen.

Die akademische Gruppenseele ihrerseits wird im Lichte der berühmten Textstelle Zykl. 7, 9, 10 manche Sätze der Geisteswissenschaft neu und gründlicher lesen lernen. Gegenüber dem folgend zitierten Satze zum Beispiel wird die Frage aufwachen können und aufwachen wollen, ob er eine Aussage über Meier, Müller, Huber usw. sei, oder eine Aussage über die Welt in ihrer Eigenschaft als Schöpfer. („Theosophie" 1. Aufl. S. 58; 20. Aufl. 1922 identisch S. 65, der Satz beide Male durch Spationierung hervorgehoben): „In einem Leben erscheint der menschliche Geist als Wiederholung seiner selbst mit den Früchten seiner vorigen Erlebnisse in vorhergehenden Lebensläufen." Die Lesbarkeit geisteswissenschaftlicher Kernsätze ist an ihnen eine produktive Eigenschaft.

Die anthroposophische Weltanschauung zeichnet die Welt-*Entwicklung* als Anschauung des Objektes „Schöpfer". Nun ist man, im akademischen Stil des 19. Jahrhunderts, gewohnt, Welt-*Entwicklung* und Welt-*Erschaffung* als unvereinbare Gegensätze vorzustellen. Eine Nachwirkung dieser Gewohnheit des 19. Jahrhunderts finde ich in der auffälligen Abneigung der akademischen Gruppenseele, die „wiederholten Erdenleben" als Bestandteil einer Anschauung und Lehre des Schöpfers zu nehmen.

Ich erhielt Ihren Brief vom 16. Mai. Er dokumentiert das auszeichnend Besondere der anthroposophischen Situation: dass innerhalb des Anthroposophischen das „Aushalten von Widersprüchen" eine ernste Aufgabe sein kann. Differenzen, die sich im Ringen um das Verständnis der Geisteswissenschaft unvermeidlich ergeben, sind nicht Gelegenheiten zu persönlichem Hader, sondern sind – vom höheren Subjekte der anthroposophischen Bewegung aus gesehen – Gelegenheiten zum *Ertragen von Widersprüchen*. Ihr Brief gilt mir als die Zustimmung zu dieser Auffassung.

Am 22. Mai. – Zu Ihrem Briefe vom 16. Mai.

Ich meine mit der Unterscheidung des primären und sekundären Subjektes der Wiederverkörperung, und mit der Kennzeichnung des sekundären Subjektes als „Teilnehmer", zu einem „systematischen" Verständnis beizutragen. Ich denke, dass von dieser wichtigen Unterscheidung die „systematische Darstellung", die Sie vermissen und die Sie von mir fordern, mindestens auszugehen hat. Mein „Systematisches" kann vorerst in nichts anderem bestehen als in der Geltendmachung der *Verschiedenheit* meiner Auffassung von jener anderen Auffassung, die den Einzelmenschen (Meier, Huber, Schiller usw.) als Selbst-„Metamorphose" eines früheren Einzelmenschen verstehen will. Ich habe in diesem Momente keine Vorstellung darüber, wieviele Briefe ich Ihnen in der zur Rede stehenden Frage noch schreiben werde; doch scheint es mir denkbar, dass ich in noch folgenden Briefen die *systematische* Differenz zwischen meiner Auffassung und derjenigen der „Gruppenseele" noch deutlicher aufzeigen werde. Ein limitiertes Misstrauen gegen „systematische Darstellung" könnte übrigens auch etwas für sich haben. Haben nicht „systematische Darstellungen" gelegentlich den Nachteil, dass sie niemanden – erschrecken? Ein Aperçu kann erschreckender sein als ein tadelloses System. Um mit einem Beispiel zu argumentieren: Durch Wachsmuths umfängliche Darstellung des „Lebewesens Erde" dürften die tonangebenden Physiker kaum beunruhigt werden. Warum aber den Physikern nicht zu einer ernstlichen Beunruhigung verhelfen? Mit der geisteswissenschaftlichen Auskunft, dass der „Tod" der *Sonne* die Voraussetzung der lebendigen „Erde" ist, würden Physiker nicht zu beunruhigen sein. Dass der „Tod" der Schöpfer und die Wirklichkeit des Lebens sei, ist ein – nicht nur für Physiker – schwer erreichbarer Gedanke. Für Physiker muss der Gedanke des Sonnen-Todes in die physikalische Sprache übersetzt werden. So nennt es denn R. ST. das Unglück der modernen Physik, dass sie den Begriff der „n e g a t i v e n M a t e r i e" nicht geschaffen hat (Stuttgarter Wärme-Kurs, X. Vortrag S. 122). Die besondere Materialität der Sonne kündigt sich – nun ernstlich dem Physiker – in dem folgenden, den Magnetismus der Sonne betreffenden Syllogismus an: Körper in glühendem Zustand sind amagnetisch, ergo ist die (magnetische) Sonne ein glühender Körper – – –. Dass dem Physiker zu einem heilsamen Schock verholfen wird, finde ich unterhaltender (oder, wenn Sie wollen: anthroposophischer) als die leicht mythologische Erinnerung, dass schon oder noch Kepler die Erde als „Lebewesen" verstand. Das bemerkenswert Neuzeitliche am „Lebewesen" Erde ist, dass es nicht Bios ist, weil „Leben" im Sinne der Geisteswissenschaft *prinzipiell* „Leben nach dem Tode" bzw. Leben aus der Auferstehungskraft eines Toten ist. – Entschuldigen Sie diese Abschweifung, durch die ich mir den Gedanken plausibel zu machen suche: dass sogenannt Systematischem der Nachteil anhaften kann, niemanden zu erschrecken.

Ist es nicht so, dass Ihre Forderung nach „systematischer Darstellung" des Wiederverkörperungsproblems eigentlich an die Geisteswissenschaft selbst zu richten wäre? Die Daseinsbedingungen der sich mitteilenden Geisteswissenschaft ließen eine „systematische" Begründung, d. h. eine in sich geschlossene rationale Theorie, nicht zu. Dagegen besteht offenbar ein sehr lebhaftes Bedürfnis nach rationaler Verstehbarkeit von Reinkarnation und Karma, die ja doch von der Geisteswissenschaft selbst als „vom Standpunkte der modernen Naturwissenschaft notwendige Vorstellungen" eingeschätzt werden. Einen Versuch zur Befriedigung dieses Bedürfnisses nach „systematischer" Verstehbarkeit der Wiederverkörperung des Geistes erblicke ich in dem von Ihnen und anderen eingeschlagenen Wege, mit Hilfe des Gedankens der „Metamorphose" die rationale Verstehbarkeit zu erreichen. Ich halte diesen Weg für ungangbar, weil die Reinkarnation als Problem der *Schöpfung* zu behandeln ist, wobei der Gedanke der „Metamorphose" im Schöpfer-Gedanken „aufgehoben" wird. Ich verweise auf den achten Vortrag des Zyklus A, „Evolution, Involution und Schöpfung aus dem Nichts" (der in dem anspruchsvollen Gedenkbuche „Goethe in unserer Zeit", S. 161, so grausam missverstanden wird), dessen Quintessenz lautet: „Deshalb wird auch jede wahre Entwicklungs-Theorie niemals den Gedanken der Schöpfung aus dem Nichts fallen lassen können."

Die Geisteswissenschaft spricht sich sehr deutlich darüber aus, dass sie – offensichtlich zwecks sorglicher Schonung der Zeitgenossen – eine systematisch-rationale „Erklärung" der Wiederverkörperung *nicht* gibt. Zum Beispiel heißt es in dem Vortrage Nr. 2527: „Was über Reinkarnation und Karma gesagt werden *kann* [das „kann" deutet auf die Absicht und Notwendigkeit sorglicher Schonung], das ist ja im Grunde

alles gesagt entweder in dem Kapitel über Reinkarnation
und Karma in der 'Theosophie', oder in der kleinen Schrift
'Reinkarnation und Karma, vom Standpunkte der modernen
Naturwissenschaft notwendige Vorstellungen'. Man wird
kaum viel hinzufügen können zu dem, was in diesen beiden
Schriften gesagt ist." Der hieran anschließende weitere Satz ist
bemerkenswert: „*Was der Intellekt hinzufügen kann, diese Frage
soll uns heute nicht weiter beschäftigen ...*" Da mir „Intellekt"
nicht ein Schimpfwort ist, kann ich ihm die Aufgabe zutrauen,
zu gegebener Zeit seinen Beitrag zu liefern mindestens zum –
Ernstnehmen der Mitteilungen der Geisteswissenschaft über die
Wiederverkörperung des Geistes. In dem genannten Vortrage
Nr. 2527 gibt es einen Passus, von dem ich meine, dass er nicht
an Gewichtigkeit verliert, wenn der Intellekt mit ihm ringt. Der
Passus lautet: „Es wird gewiss der Mensch, welcher sich eine
Weile mit Anthroposophie beschäftigt hat und der namentlich
die Grundanschauungen von Reinkarnation und Karma und
der übrigen Wahrheiten der Menschheit und ihrer Entwicklung
aufgenommen hat, sich fragen: Warum kommt man denn gar
so schwer zu einer unmittelbaren, wirklichen Anschauung
jener Wesenheit *im* Menschen, die durch die wiederholten
Erdenleben durchgeht, – jener Wesenheit *des* Menschen also,
welche, wenn man sie immer genauer kennen lernen würde, ganz
selbstverständlich führen müsste auch zu einer Einsicht in die
Geheimnisse der wiederholten Erdenleben und des Karma?" Die
Unterstreichung des „im" und „des" ist von mir, und sie meint
dieses: Wenn der „Intellekt" den systematisch grundlegenden
Gedanken gebildet hat, es sei ein Primäres und ein sekundäres
„Subjekt der Wiederverkörperung" zu unterscheiden, dann
darf sich der „Intellekt" zumuten, in dem obigen Satze Rudolf
Steiners diese Unterscheidung wiederzufinden. Mit „Wesenheit
im Menschen" ist das sekundäre Subjekt, der „Teilnehmer",
angedeutet; „Wesenheit *des* Menschen" deutet auf das Primäre

Subjekt der Wiederverkörperung. – Als Frucht eines intensiveren Studiums der Geisteswissenschaft ergibt sich der immer größer werdende Respekt vor der bedeutungsvollen Exaktheit der Sätze der Geisteswissenschaft. Ältere systematische Darstellungen pflegen bei Adam zu beginnen. Um nun meine Bemühungen um das Verständnis der Mitteilungen der Geisteswissenschaft als „systematische Darstellung" zum Zuge kommen zu lassen, hätte ich noch weit hinter Adam zurückzugehen. Dabei bliebe ungewiss – da ich bei dem noch *vor* der Saturn-Entwicklung liegenden Weltzustand einzusetzen hätte –, ob sich Ohren finden würden für den Satz: der fertige physische Mensch *vor* dem Beginne des Saturn-Zustandes finde in historischer Zeit in einer derzeit viergliedrigen mitteleuropäischen Kapitale statt. Ich darf auf den Berliner Zyklus 35, 2, 2 verweisen: „… Denn was einmal vorgegangen ist, das vollzieht sich noch heute fortwährend. Was in der Saturn-Zeit sich abgespielt hat, das ist nicht bloß dazumal dagewesen, sondern das geht heute noch vor."

Der anthroposophische Begriff „Entwicklung" enthält ungewohnte Zumutungen. Nach meiner Ansicht könnte das Systematische in unserer Auffassung von Geschichte und Entwicklung nicht darin bestehen, dass wir an der universitären Auffassung von Geschichte (ich kann hier leider den repräsentativen Gegenwartsnamen Jaspers nicht nennen, da Jaspers zu den Autoren gehört, von denen ich nie eine Zeile gelesen zu haben wünsche) sozusagen anthroposophische Verzierungen anbringen. „Entwicklung", denke ich, beginnt mit *Entkörperung*. Die Entkörperung ist die notwendige Voraussetzung der Ver-Körperung und Wieder-Ver-Körperung. Was sich wiederverkörpert, trägt den Namen „Geist". Die Welt-Entstehung und der Weltvorgang im Ganzen sind: Wieder-Verkörperung des „Geistes". – „Geist" ist, denke ich, wenn der wirkliche physische Mensch sich mit Haut und Knochen in Geist auflöst. Der in Geist Verwandelte ist dann als die „menschliche Gattungswesenheit" und als wirklicher Einzelmensch absolut transzendent und von niemandem wahrnehmbar. Man kann auch nicht sagen, diese menschliche Gattungswesenheit „existiere", denn sie hat ihr „Wesen" gerade kraft Preisgabe der Existenz; ihr Wesen geht aus dem Selbstopfer der Existenz hervor. In ihrem physischen Sterben haben die Plural-„Menschen" ein Symbol des Selbstopfers des wirklichen MENSCHEN. Und deswegen sind „Tod" und „Gott" Synonyma (und Nietzsches Jeremiade „Gott ist tot" ist ein allzuchristliches Missverständnis). R. ST. hatte einmal Gelegenheit, über das Nicht-„Existieren" der menschlichen Gattungswesenheit zu einigen Theologen zu sprechen, die sich wegen der Reparaturbedürftigkeit ihres Berufes an ihn gewandt hatten. Er erläuterte ihnen die Sache, indem er über die menschliche Gattungswesenheit sagte: Man könne von Gott, dem „Vater", nicht sagen, er „existiere"; richtig sei es, zu sagen, dass der Vater „subsistiert". – Wenn einer sich totschlägt, um andere leben zu lassen, so kommt weniger sein „Existieren" in Betracht, als sein „Subsistieren".

Ein weiterer systematisch bedeutsamer Aspekt von „Entwicklung" ist dieser: *Entwicklung beginnt in der Gegenwart und endet in der Gegenwart* (sofern man sich bei diesem Diktum etwas vorzustellen weiß). Der geisteswissenschaftliche Entwicklungsbegriff ist nicht durch die vulgären Vorstellungen des darwinistischen 19. Jahrhunderts, sondern durch Hegel vorbereitet. Der Versuch Hegels, die Entwicklung des Denkens zum Gesetz der „Weltgeschichte" zu machen, ist zwar gründlich missglückt. Hegels Gedanke, dass in der Hegelschen Philosophie das in Griechenland aufgebrochene Denken ebenso zur Vollendung gelange, wie der Gang der „Weltgeschichte" im

preußischen Staate in sein Ziel einmünde, war nicht zumutbar.
Dennoch bedeutet Hegels *„endgeschichtliche"* Konzeption der
„Weltgeschichte" (s. Karl Löwith, Von Hegel bis Nietzsche)
ein Element zur Ermöglichung der anthroposophischen Anschauung von „Entwicklung", die den Anfang und das Ende
des Entwicklungsprozesses in die Gegenwart fallen sieht,
– gleichsam den Anfang als die *Wirkung* des Endes erschau-
end.

Zum Schlusse möchte ich Ihnen noch einmal versichern,
dass ich in dem Faktum Ihres Briefes vom 16. Mai ein ernstes
Positivum sehe.

Ihr

Achter Brief

26. Mai 1953

Sehr geehrter Herr Dr. L.!

Ist ein „natürlicher Einzelmensch" eine einfache Einheit, wie
dies vom materialistischen Naturalismus als selbstverständlich
angenommen wird – oder ist ein „natürlicher Mensch" (im Sinne der Biologie), falls er überhaupt eine wirkliche Einheit sein
sollte, seine Einheit auf Grund komplizierter Komposition? Diese Frage, die sehr ernst genommen sein will, kann den Zugang
zu einer rationalen Behandlung der Wiederverkörperung erschließen. Da ein Meier oder ein Huber in der Tat keine sich
von selbst verstehende Einheit ist, so möchte ich lieber nicht

„Biologe" sein, wenn es sich darum handelt, mit Ratio um das Wiederverkörperungsrätsel zu ringen – denn der Biologe müsste die Bildungsvoraussetzungen seines Faches verleugnen, wollte er bezweifeln oder bestreiten, dass ein „natürlicher Einzelmensch" als Naturobjekt eine einfache Einheit sei. Selbst wenn ein heutiger akademischer Biologe im Nebenamte Thomist ist, wird er die ihm von seinem Fache aufgezwungene Ansicht, der „natürliche Einzelmensch" sei ein Naturgegenstand wie andere Naturgegenstände, praktisch nicht preisgeben. Die Erfahrung zeigt, dass der Biologe auch dann nicht gegen die naturalistischen Suggestionen seines Faches gesichert ist, wenn er sich von einem „Goetheanismus" engagieren lässt. In der Abhandlung über „Probleme und Forschungsaufgaben Goetheanischer Organik" (im Gedenkbuche zu Goethes zweihundertstem Geburtstag „Goethe in unserer Zeit", 1949) werden bei der Behandlung der „Metamorphose beim Menschenwesen" die Meier und Müller ohne Wimperzucken als „Menschenwesen" im Sinne von „natürlicher Einzelmensch" vorgestellt, und wird die Selbst-Metamorphose des natürlichen Einzelmenschen aus einem Erdenleben in ein folgendes als Anthroposophie aufgetischt.

Es muss der „Biologie" zum theosophischen Begriffe „Geist" verholfen werden, um ihr den flachen Naturismus abzugewöhnen. *Geist* ist, sagte ich, wenn die Gattung „Mensch" (ein wirklicher physischer Mensch) sich mit Haut und Knochen in Geist auflöst, damit die Ent-Körperung die Möglichkeit der Körperung und Wiederverkörperung fundiert. Dies ist der geisteswissenschaftliche Geistbegriff. Irgendwelche andere, bloß historische Geist-Begriffe könnten dem Biologen nicht weiterhelfen. – Über die Geist-Lehre der Anthroposophie heißt es (in dem archetypischen Berliner Vortrage am 3. April 1917 im Zusammenhange mit dem Tode Franz Brentanos) „Es

gibt keine Möglichkeit zum Begriff des Geistes zu kommen,
ohne zum Begriff der wiederholten Erdenleben zu kommen"
(Zykl. 45, 2, 8). Und dem Biologen, der im Nebenamte Thomist
ist und der forma corporis huldigt, wird gesagt: „Man kann
den geistig-seelischen Menschen nicht erleben, ohne zugleich
durch das Erlebnis zu wissen, dass in diesem Menschen etwas
enthalten ist, was sich zu einem neuen physischen Menschen
gestalten will" (Die Rätsel der Philosophie, Bd. II, S. 222). Die
Forma-Corporis-Lehre ist eben eine bloße Theorie, und nicht
Erlebnis des Geistes.

Die Mitteilungen der Geisteswissenschaft über das Wieder-
verkörperungsgeheimnis bilden das Kernstück einer modernen
Geistlehre, die unter „Geist" das Selbstopfer des groß geschriebenen MENSCHEN versteht. Eine rationale Erklärung der
Wiederverkörperung wird von der Geisteswissenschaft nicht
gegeben. Als einen Weg, ihre Anschauungen über Reinkarnation und Karma zu vermitteln, benützt die Geisteswissenschaft
die vergleichende Bezugnahme auf eine ältere Geistlehre:
auf diejenige des Aristoteles, die mit geringer Modifikation
im Thomismus konserviert wird. Dieser Vergleich mit der
Geistlehre des Aristoteles erfolgte in den Vorträgen über
„Pneumatosophie" (Berlin, 1911). Ich mache darauf aufmerksam, dass in den Vorträgen über „Pneumatosophie" das Wort
„Mensch" etwas bezeichnet, an das der Biologe bei dem Worte
nicht denkt. Es könnte und sollte Universitätsleuten denn
doch stark auffallen, dass „Mensch" in den Pneumatosophie-
Vorträgen konsequent ein *„Geistiges"* bezeichnet. Man sollte
also so freundlich sein, das dort auftretende „Mensch" nicht
zu verwechseln mit dem akademisch-vulgären „Mensch", mit
dem ein physischer Naturgegenstand gemeint ist. Innerhalb
des Vergleiches zwischen anthroposophischer Pneumatosophie
und aristotelischer Geistlehre steht das Wort „Mensch" für

die „*Geistesmenschen*" der Meier, Müller, Schiller usw. Die „Geistesmenschen", als „Teilnehmer", sind „Menschen", indem sie in einer der Verkörperungen der „menschlichen Gattungswesenheit", also des groß geschriebenen MENSCHEN, Aufenthalt und Wohnung nehmen. Der in Schiller repräsentierte „Geistesmensch" hat die Gestalt der verkörperten Gattungswesenheit „an sich getragen" (Theosophie, 1. Aufl. S. 51). – Von dem in den Pneumatosophie-Vorträgen „Mensch" Genannten sagt R. ST., in Übereinstimmung mit Aristoteles, dass er von Gott stammt; eine Differenz zwischen Aristoteles und Rudolf Steiner besteht nur hinsichtlich des W i e des Von-Gott-Herstammens der „Menschen". Bei der Darstellung der Geistlehre des Aristoteles sagt R. ST., indem er Formulierungen Brentanos benützt: „Wenn ein Mensch ins Dasein tritt, entsteht er aus Vater, Mutter und dem Gott. Durch Vater und Mutter entsteht das Seelisch-Leibliche, und durch den Gott wird eine Zeitlang nach der Empfängnis das Geistige hinzugefügt." Dieser Geistlehre des Aristoteles wird nun die anthroposophische Geistlehre (Pneumatosophie) polemisch entgegengesetzt. Es heißt da: „Es kann nicht der Mensch [gemeint ist der übersinnliche „Geistesmensch" Huber, Müller, Schiller usw.] von einem Gotte bloß herstammen, er muss herstammen nicht *bloß* von einem Gotte, sondern von einem Gotte in Verbindung mit dem luziferischen Prinzip." (Buchausgabe von „Anthroposophie, Psychosophie, Pneumatosophie", S. 169 und S. 185.)

Hinter der anthroposophischen Feststellung, dass die „Menschen" von einem Gotte in Verbindung mit dem luziferischen Prinzip stammen, verbirgt sich eine Weltentscheidung. Es geht seit langem um die Entscheidung in der Frage, ob die von dem Gotte herstammenden, d. h. von dem Gotte geschaffenen Einzelseelen („Geistesmenschen") mit Gott *substanziell identisch* sind. Die Geisteswissenschaft bejaht die Identität, denn die Menschen-Geister („Geistesmenschen“) sind Geist vom Geiste des MENSCHEN; sie sind substanziell gleicher „Geist“ wie der göttliche „Geist“. Die christliche Theorie leugnet die Identität und betrachtet deren Annahme als das sichere Indiz des Pantheismus. Man wird indessen auf „christlicher“ Seite mit der Pantheismusverdächtigung der Geisteswissenschaft kein Glück haben; man ist vielmehr eingeladen, ganz Neues zu lernen, das es innerhalb der bisherigen Horizonte nicht gab. Das Neue betrifft die Rolle eines „Bösen“ (Luzifers) bei dem Hervorgehen der „Menschen“ aus Gott. Das Diktum der Geisteswissenschaft, der Mensch stamme „von einem Gotte in Verbindung mit dem luziferischen Prinzip“, enthält das Schrecknis eines unvermuteten Auftretens des „Problems des Bösen“. Die christlichen und außerchristlichen Gotteslehren sahen sich bisher außerstande, den Ursprung des „Bösen“ in den Gott zu verlegen; man findet sich damit ab, dass der göttlichen „Allmacht“ eine feindliche Gegenmacht absolut unbekannter Herkunft entgegensteht. Durch Geisteswissenschaft werden die plumpen Fragestellungen überwunden, die sich auf Grund eines willkürlich konstruierten Idols des „Guten“ einstellen. Die Fragen der Geisteswissenschaft nach „Gut“ und „Böse“ ergeben sich als *Folge* der sachgemäßen Beobachtung der Welt-*Entwicklung* als der *Entwicklung* des MENSCHEN und der „Menschen“ als „Teilnehmer“. Es wäre geisteswissenschaftlich nicht unmöglich, zu sagen: Gott als Prinzip des Welt-Egoismus sei „böse“, und die Erschaffung der „SEELE“ bedeute die Verwandlung des „Bösen“ in das „Gute“; böse sei das „Ich“ für sich, gut sei, wenn das ausgeströmte, geopferte „Ich“ aus den äußeren Dingen entspringend in sich heimkehrt.

Über das *Luziferische Prinzip*, das bei dem Herkommen der „Menschen" mit dem Gotte zusammenwirkt, werde ich in einem folgenden Briefe einige Gedanken versuchen.

Ihr

Neunter Brief

3. Juni 1953

Sehr geehrter Herr Dr. L.!

Ihren freundlichen längeren Brief vom 27. Mai verdanke ich bestens. Ich weiß nur nicht, ob wir der Situation gerecht würden, wenn wir die „Annäherung" unserer sich gegenseitig ausschließenden Auffassungen als unser Problem betrachten. Es scheint mir unumgänglich, dass ich *meine* Anschauung noch weiter zu verdeutlichen suche.

Man muss sich einmal die Frage vorlegen, in welchem Sinne die für die „Geistesmenschen" bestehende Nötigung, sich immer wieder zu verkörpern, nicht eine Vortrefflichkeit, sondern einen *Mangelzustand* der „Geistesmenschen" andeutet. Der Begriff des Mangels setzt sein Gegenteil, die positive Erfüllung voraus. Der Osten rechnet mit einem Ideal der Erfüllung; doch geht uns Europäer die im östlichen Stile vorgestellte „Vollendung" – als ein Verschwimmen im Allgeiste – nichts an. Interessant kann uns höchstens sein, dass die östlichen Phantasien über „Seelenwanderung" den Zwang zur Wiederverkörperung als Verhängnis, das Aufhören des Zwanges als „Vollendung"

betrachten. Im christelnden Abendland empfinden die mit
der „Idee“ der wiederholten Erdenleben Sympathisierenden
– seit Lessing – die Notwendigkeit der Wiederverkörperung
nicht als Malum, sondern als Bonum. Die sympathische „Idee“
tritt zunächst an die Stelle des überaus fragwürdig gewordenen christlichen Gedankens der „Unsterblichkeit der Seele“.
Nicht etwa nur Aufklärung und moderne Naturerkenntnis
haben die „Idee“ der „unsterblichen Seele“ diskreditiert,
denn seltsamerweise ist auch für eine subtilere moderne
Theologie (etwa K. Barths) die populäre „unsterbliche Seele“
kein Thema; Barth denkt in dieser Hinsicht ungriechisch
(unthomistisch) und steht der alttestamentlichen Vorstellung
von der Auferweckung der leiblichen Toten durch Gott näher
als irgendeinem halbspiritistischen Seelenglauben. Ich selbst
kann mir, nach dreißig Jahren des Anthroposophiestudiums, unter unvergänglicher Seele nichts anderes vorstellen
als die Wirkung der leiblichen Auferstehung eines Toten.
(Physischer Mensch und Seele sind das gleiche, von zwei
Seiten angesehen; Barths „theologische Anthropologie“
ist klug genug, um „Seele“ konsequent als ein Prädikat des
LEIBES zu verstehen.) Von der Seelenvorstellung her, die mir
durch das Anthroposophiestudium aufgenötigt ist, ergibt
sich dann meine Wertschätzung des emsigen Treibens der
Schule C. G. Jungs in den Jagdgründen der sogenannten Seele.
Philosophisch gesehen ist Jungs Seelenreich ein helvetischer
Reflex des Berliner „Unbewussten“; während aber bei Eduard
von Hartmann „das Unbewusste“ die Gottesfrage bedeutet,
würde man beim Züricher Atheismus kaum Verständnis finden für die Behauptung, die Seelenfrage sei keine andere als
die Gottesfrage. Man kann im Züricher Stil die Pathologie
der Seele exerzieren und den mythologischen Unrat der Welt
durchstöbern, ohne jemals die Frage ernst genommen zu haben,
mit welchen Gründen denn im Zeitalter der Naturwissenschaft

von einer mit Gott substanziell identischen „Seele" gesprochen
werden kann. – Wenn sich das Thema „Der Begriff des Geistes
bei C. G. Jung *und* bei Rudolf Steiner" für die kokette Tändelei
der akademischen Gruppenseele eignet, so ist andrerseits
das Thema Zykl. 48, 1, 14 (Vortrag am 22. Januar 1918) ein
solides *anthroposophisches* Thema, und man sollte es nicht
verschmähen, zur Kenntnis zu nehmen, wie dem famosen
„und" zwischen C. G. Jung und Rudolf Steiner durch Rudolf
Steiner selbst ein guter Sinn erteilt wurde. R. ST. sprach in
Berlin am 22. Januar 1918 über Jungs damals erschienenes Buch
„Psychologie der unbewussten Prozesse" (jetzt trägt das Buch
in vierter Auflage den Titel „Das Unbewusste im normalen und
kranken Seelenleben"). R. ST. sagte am 22. Januar 1918 in Berlin
im Zusammenhange von ausführlichen Bemerkungen über
Jung: „… Daher spricht er den Satz aus, der ganz berechtigt
ist aus der modernen Weltanschauung heraus: Die Menschenseele kann, ohne dass sie innerlich zugrunde geht, nicht ohne
Beziehung zu einem göttlichen Wesen sein. Dies ist ebenso
sicher, wie es auf der anderen Seite sicher ist, dass es ja ein
göttliches Wesen gar nicht gibt. Die Frage nach der Beziehung
des menschlichen Seelenwesens zum Gotte hat mit der Frage
der Existenz Gottes nicht das Geringste zu tun. So steht es in
seinem Buche. Also bedenken wir, was da eigentlich vorliegt: Es
wird wissenschaftlich konstatiert, dass die Menschenseele sich
ein Verhältnis zu Gott konstruieren muss, dass es aber ebenso
sicher ist, dass es töricht wäre, einen Gott anzunehmen; also
ist die Seele zu ihrer eigenen Gesundheit verurteilt, sich einen
Gott vorzulügen. Lüge dir vor, dass es einen Gott gibt, sonst
wirst du krank! Das steht eigentlich in dem Buch."

Wenn ich ein redlicher Mann dieses Zeitalters bin, so habe ich
mir Träumereien über eine „unsterbliche Seele" zu verbieten.
Wie käme ich auch als redlicher Mann dazu, von meiner

Hochgeschätztheit anzunehmen, sie sei, wenigstens im Kern, ein dauernd Ewiges? Ich habe als redlicher Mann auch gar nicht den Wunsch, unvergänglich zu sein, wenn ich mir unter meiner Ewigkeit nichts Solides vorstellen kann. Verweist man mich – in einem bekannten Stile – auf mein „Denken" als den Quellort von Ewigkeit, so wird mir dabei nicht besser. Wie wäre es aber, wenn ich den Entschluss fasse, den neuen Gedanken zu denken: Ja, wenn ich – mit Fleisch und Knochen samt meiner „Grütze" – ein Gedanke bin, den ein Anderer denkt (ein Gedanke, den „der Mensch" denkt), da würde die Angelegenheit zu etwas rational Solidem! – Nachdem ich diesen Gedanken energisch und lange genug gedacht habe, werde ich Empfindung und Verständnis entwickeln für die sorglich schonende Ausdrucksart der Geisteswissenschaft (die für den Begriff „der Mensch" auch den Begriff „der Kosmos" setzt). So dass es im Zyklus 33, 4, 15 (23. Januar 1914) heißt: „Meditieren Sie einmal über die Idee: 'Ich denke meinen Gedanken', und: 'Ich bin ein Gedanke, der von den Hierarchien des Kosmos gedacht wird. Mein Ewiges besteht darin, dass das Denken der Hierarchien ein Ewiges ist. Und wenn ich einmal von *einer* Kategorie der Hierarchien ausgedacht bin, dann werde ich übergeben – wie der Gedanke des Menschen vom Lehrer an den Schüler übergeben wird – von einer Kategorie an die andere, damit diese mich in meiner ewigen, wahren Natur denke. So fühle ich mich drinnen in der Gedankenwelt des Kosmos!'"

Man sollte auf Seite derer, die sich mit der akademischen Protegierung der Anthroposophie Rudolf Steiners befassen, nicht übersehen, dass das Zeitalter, in dem „Heidegger ein Denker in dürftiger Zeit" (Titel des neuen Buches von Karl Löwith, das mir soeben eine genussreiche Lektüre war) ist, noch einen anderen Begriff des „Daseins" außer dem Heideggerschen hervorgebracht hat: eben den obigen, nach dem das Dasein von uns sogenannten Menschen seinen Sinn und Gehalt dadurch hat, dass wir Gedanken des MENSCHEN sind. Schade, dass ich nicht danach gefragt bin, sonst könnte ich dem emanzipierten Heidegger-Schüler Löwith das Thema empfehlen: „Der Mensch als Teilnehmer am Menschen."

Als Thema dieses Briefes ist vorgesehen, dass ich einige Gedanken versuche über das *luziferische Prinzip*. Nun: Dass man Mensch ist als *Teilnehmer* am MENSCHEN, das bedeutet, dass man Mensch ist durch die Wirkung des luziferischen Prinzips – im Lichte des Leitgedankens: Christus verus Lucifer. Ich wiederhole den Kernsatz der Geistlehre Rudolf Steiners in ihrer Differenz zur Geistlehre des Aristoteles: Der Mensch (Meier oder Müller z. B.) stammt „von einem Gotte in Verbindung mit dem luziferischen Prinzip". Es ist nicht verboten und nicht unangemessen, zu der Formel „von einem Gotte in Verbindung mit dem luziferischen Prinzip" die andere Formel hinzuzudenken: „durch Schöpfung und Sündenfall".

Da durch den geisteswissenschaftlichen Begriff des „luziferischen Prinzips" in ganz fundamentaler Weise das Problem der *Zeit* aufgerufen ist, habe ich mir überlegt, ob es sich empfehle – um zu gemeinsamen Vorstellungen über das „luziferische Prinzip" zu kommen –, an Heideggers Lehre vom Menschen anzuknüpfen, die wesentlich aus einer Idee der Zeit heraus entfaltet wird, allerdings unter Verleugnung der zeit-losen Ewigkeit. Ich fand aber (abgesehen davon, dass die Sein-lerei nicht unsere Sorge sein kann), es genüge der Hinweis auf das eigentlich Interessante an Heideggers „Anthropologie der Zeit": dieses besteht darin, dass Heideggers auf „Zeitlichkeit" und „Zeitigung" abgestellte Lehre vom Menschen ihre Voraussetzung in der Tatsache hat, dass *Schellings* bedeutender Versuch, das Wesen der Zeit in das „Ich" zu verlegen, *gescheitert* ist. Schelling hatte (1800) geschrieben: „Die Zeit ist nicht etwas, was unabhängig vom Ich abläuft, sondern das *Ich selbst*, in Tätigkeit gedacht." (System des transzendentalen Idealismus, Faksimile-Neudruck 1924, S. 214.) Die Anthroposophie knüpft ihrerseits an Schelling an: mit dem in der Schlussbetrachtung von „Wahrheit und Wissenschaft" zum Aufhorchen auffordernden Diktum: der absolute Idealismus (Fichtes, Schellings) müsse sein Ich als Urprinzip *aufgeben*. Die Herleitung von Mensch und Welt aus einem Prinzip ist unstatthaft. Zum Problem steht vielmehr, ob und wo und wann sich *die Welt selbst* als „Urphänomen" erfasse; und über diesem Problem steht das Motto: „Der Mensch selbst ist die Lösung des Welträtsels." Anthroposophie zieht aus dem Scheitern des „deutschen Idealismus" einen ähnlichen Schluss wie Heidegger: sie verzichtet – atheistisch, wenn man will – streng auf ein fingiertes Absolutes und erhebt das *Dasein des Menschen* als „Welt" zum „phänomenologischen" Thema. A n dem „Ereignis Anthroposophie" aber will sich das Thema entfalten: der Mensch als Teilnehmer am MENSCHEN.

Innerhalb des ausgebreiteten, vielschichtigen Reichtums der geisteswissenschaftlichen Mitteilungen über *Luzifer und Ahriman* gibt es – im Vortrage Nr. 4376 – eine Art Definition der beiden „Mitarbeiter Gottes": *Die luziferischen Wesenheiten sind v e r s p ä t e t e kosmische Wesenheiten, v e r f r ü h t e kosmische Wesenheiten sind die ahrimanischen Wesenheiten.* Diese Definition erfordert einige Aufmerksamkeit. Die Prädikate „verspätet" und „verfrüht" können nur dadurch ihren Sinn haben, dass das Verspätete und das Verfrühte auf die G E G E N W A R T bezogen sind; nur in bezug auf ein Jetzt gibt es Verspätetes und Verfrühtes. (Eine verspätete – verschweizerte – Parusie ist ein bodenloser theologischer Nonsens, plausibel nur von Franz Overbeck her, der von den „Dümmlingen der modernen Kultur" sprach.) In monumentalem Gegensatz zur Zeit-Philosophie Heideggers, der mit der üblichen Vorstellung eines geradlinigen Zeit-Laufes hantiert, welcher in dreifacher Weise als Vergangenheit, Gegenwart und Zukunft erlebt wird, ermächtigt und entfaltet sich der anthroposophische Begriff der Zeit aus der *Gegenwart*, die *kein* modus der „Zeit" ist, die vielmehr der Grund dafür ist, dass es überhaupt Früheres und Späteres gibt. Im Vergleiche mit sonst bekannten „Weltanschauungen" bedeutet eine „anthroposophische Weltanschauung" fürs erste und hauptsächlich die unerhörteste Revolutionierung des Begriffes ZEIT [1]. Sie ist von philosophisch Anspruchsvollen noch nicht bemerkt worden; es ist im philosophischen Haus- und Schulgebrauch noch nicht üblich, dass man beim Stichwort „Zeit" außer auf Heidegger noch auf einen anderen Namen verfällt.

Ich will den Passus aus dem Vortrage Nr. 4376, der die Definition von Luzifer und Ahriman, der beiden „Mitarbeiter Gottes", enthält, hier ausführlich wiedergeben; die Sätze stellen einen konzentrierten Extrakt der „anthroposophischen Weltanschauung" dar. Der Vortrag Nr. 4376 erschien 1953 gedruckt, zusammen mit vier dazugehörigen andern Vorträgen, unter

[1] Das mit Achtung zu nennende Buch „DIE ZEIT" (1954, Kösel-Verlag, München) der Philosophin Hedwig Conrad-Martius bemüht sich um die Sanierung der durch Heideggers „Sein und Zeit" versimpelten Situation. Unser Urteil über das Werk, das sich um die Ich-Transzendenz einer objektiven Zeit müht und wertvolle Ausblicke auf eine zyklisch-kreisförmige Zeit eröffnet, lautet: Die existierende Welt-Zeit (= Seele) ist die F O R M des transzendenten Gottes MENSCHENKÖRPER; die Form ist als Gegenwart die Coinzidenz von Weltanfang und Weltende. Theosophisch ausgedrückt: Die Zeit als eine Person aus der Hierarchie der Archai gehört eigentlich der Hierarchie der Exusiai (Geister der Form) an.

dem Titel: „Die Verantwortung des Menschen für die Weltentwicklung durch seinen geistigen Zusammenhang mit dem Erdplaneten und der Sternenwelt", im Verlage von R. G. Zbinden & Co., Basel. – R. ST. sagte am 29. Januar 1921:

„Sowohl hier auf der Erde zwischen Geburt und Tod können wir zu verwandt werden dieser Erde, können gewissermaßen in uns den Trieb, den Instinkt entfalten, den Erdenmächten zu verwandt zu werden, wie wir auch zwischen dem Tod und einer neuen Geburt den Trieb entfalten können, den kosmischen Mächten außerhalb der Erde zu verwandt zu werden. Denn hier auf der Erde stehen wir zu nahe dem äußeren bildhaften Ausdruck, dem in sinnliche Materialität sich hüllenden Wesen; hier stehen wir gewissermaßen der inneren Geistigkeit entfremdet da. Wenn wir uns entwickeln zwischen dem Tod und einer neuen Geburt, stehen wir voll drinnen in der Geistigkeit, erleben wir die Geistigkeit mit, und da droht uns wiederum die Möglichkeit, in dieser Geistigkeit zu versinken, in dieser Geistigkeit uns aufzulösen. Während wir hier auf der Erde der Möglichkeit ausgesetzt sind, im physischen Dasein zu verhärten, sind wir zwischen dem Tod und einer neuen Geburt der Möglichkeit ausgesetzt, im geistigen Dasein zu ertrinken. – Diese beiden Möglichkeiten rühren davon her, dass neben jenen Mächten, die man anführt, wenn man von der normalen Ordnung der Hierarchien spricht, andere Wesen da sind. Wie sich die elementaren Wesenheiten finden in den drei Reichen der Natur, wie sich dann der Mensch findet, wie sich die näheren Hierarchien finden, von denen man, wenn man von diesen Wesenheiten spricht, im Sinne echter Geisteswissenschaft sagt, dass sie so da sind nach ihren 'kosmischen Zeiten', sind neben diesen Wesenheiten andere da, die gewissermaßen zur Unzeit ihr Wesen entfalten. Es sind die luziferischen und ahrimanischen Wesenheiten, von denen wir oft gesprochen haben, und von denen Sie sich ja schon die Vorstellung gebildet haben werden, dass die luziferischen Wesenheiten wesentlich solche sind, die eigentlich so, wie sie sich jetzt darleben, in einem früheren Zeitraum gelebt haben sollten. Dagegen sind die ahrimanischen Wesenheiten solche, die so, wie sie sich jetzt darleben, in einem späteren kosmischen Zeitraum leben sollten. Verspätete kosmische Wesenheiten sind die luziferischen Wesenheiten, verfrühte kosmische Wesenheiten sind die ahrimanischen Wesenheiten. Die luziferischen Wesenheiten haben es verschmäht, die Zeit gewissermaßen mitzumachen, die ihnen vorgesetzt war; sie sind nicht dazu gekommen, weil sie es verschmäht haben, die Entwicklung voll mitzumachen. So enthüllen sie sich heute, wenn sie sich offenbaren, als auf früherer Stufe des Daseins zurückgeblieben. – Die ahrimanischen Wesenheiten können es, wenn wir uns so ausdrücken wollen, nicht erwarten, zu einem späteren Zeitpunkte der kosmischen Entwicklung das zu werden, was in ihnen veranlagt ist. Sie wollen es schon jetzt sein. Daher verhärten sie in dem gegenwärtigen Dasein und zeigen sich uns jetzt in der Gestalt, in der sie eigentlich erst in späterer Entwicklung des kosmischen Lebens ankommen sollten.

Wenn man hinausblickt in die Weiten des Kosmos, und es zeigt sich einem, ich möchte sagen, das Ensemble der Sterne, – was ist dieser Anblick? Warum haben wir diesen Anblick? – Wir haben diesen besonderen Anblick, den Anblick der Milchstraße, den Anblick des sonst bestirnten Himmels aus dem Grunde, weil er die Offenbarung ist des luziferischen Wesens der Welt. Was uns gewissermaßen leuchtend, strahlend umgibt, ist die Offenbarung des luziferischen Wesens der Welt, es ist dasjenige, was jetzt so ist, wie es ist, weil es auf einer früheren Stufe seines Daseins zurückgeblieben ist. Und wenn wir über den Erdboden gehen, den starren Erdboden, dann hat dieser starre Erdboden seine Starrheit, seine Härte aus dem Grunde, weil in ihm gewissermaßen zusammengeballt sind die ahrimanischen Wesenheiten, welche diejenige Stufe, die sie sich jetzt künstlich zulegen, eigentlich erst in einem späteren Zeitpunkte ihrer Entwicklung haben sollten."

Die Meier, Huber, Schiller usw., an deren Entstehung das *luziferische Prinzip* entscheidend mitwirkt, sind *Verspätete*, – „weil sie es verschmäht haben, die Entwicklung voll mitzumachen". Nach dieser gravierenden Feststellung habe ich nun keine andere Wahl mehr, als mich zu entschließen, die *GEGENWART* ernsthaft ins Auge zu fassen, zu der relativ die Meier, Müller, Schiller usw. Verspätete sind. Ich entschließe mich, starke Zumutungen an meine Entschlusskraft und Vorstellungskraft zu stellen. Ich verstehe unter „Gegenwart" eine besondere Eigentümlichkeit des groß geschriebenen MENSCHEN, die darin besteht, dass in ihm der Anfang und das Ende der *vollendeten* „Entwicklung" sich durchdringen. Während die Meier, Huber usw. es gleichsam „verschmäht haben, die Entwicklung voll mitzumachen", bedeutet „der Mensch" die *abgeschlossene* Entwicklung, wobei unter Abgeschlossenheit oder Vollendung des Entwicklungsvorganges zu verstehen ist, dass „der Mensch" in der *Gegenwart* sowohl der Anfang wie das Ende des Vorganges *ist*. Entwicklung ist ein Vorgang, der in der Gegenwart beginnt und in der Gegenwart endet. Die Weltentwicklung zwischen Saturn und Vulkan ist *ausgeweitete Gegenwart*. Die Zeit ist nicht ein Verlauf aus dem Unbestimmten ins Unbestimmte; sie ist die Beziehung zwischen dem Anfange und dem Ende einer inhaltlich bestimmten *Entwicklung*. Diese anthroposophisch erfasste Zeit ist auch nicht die zyklisch verstandene, noch bei einigen Griechen (Polybios) durchscheinende Zeit des Orients, nach der der

Zeitverlauf als Kreisprozess ohne Anfang und Ende vorgestellt wird. Der Kreisprozess der anthroposophischen *„Entwicklung“*, als Zeit verstanden, bedeutet: der Anfang und das Ende der Zeit, entsprechend dem Anfang und dem Ende der Welt-Entwicklung, fallen in die Gegenwart.

Wenn in dem Buche „Die Geheimwissenschaft im Umriss“ die Weltentwicklung *scheinbar* nach dem der heutigen Bildung entsprechenden Schema dargestellt ist, das unter Entwicklung einen in ferner Vergangenheit beginnenden und nach fernen Zukünften fortschreitenden Verlauf vorstellt, so muss dieser Schein durchschaut und eingesehen werden, dass sich die Darstellungsart der „Geheimwissenschaft“ aus der für den Geisteslehrer bestehenden Notwendigkeit ergibt, an die Vorstellungsfähigkeiten der modernen Bildungsmenschen anknüpfen zu müssen, wenn er sich allgemeinverständlich mitteilen will. R. ST. war sorgend bemüht, die Zeitgenossen *schonend* von ihren Bildungsvorurteilen zu befreien. Das mächtigste dieser Vorurteile ist die heute als selbstverständlich geltende Idee von Geschichte, die ein Muster von Verworrenheit ist, indem sich in ihr theologisch-teleologische (heilsgeschichtliche) Elemente mit dem plattesten Jacob Burckhardtschen Skeptizismus vermischen. In der Anthroposophie handelt es sich nicht darum, zu den vorhandenen Theorien der Geschichte (vgl. Löwith, Weltgeschichte und Heilsgeschehen, Stuttgart 1953) eine neue Theorie hinzuzufügen. Eine anthroposophische „Philosophie der Geschichte“ hat das absurde Vorurteil zu liquidieren, Geschichte sei durch Nach-Denken zu „verstehen“. Nein, nicht durch Nach-Denken (Hegel) wird die Geschichte erkannt, sondern einzig durch *Tun*. Die anthroposophische Philosophie der Geschichte lautet daher: „Es wird immer in der Geschichte die Definition einer Sache eine andere Tatsache sein, nicht ein abstrakter Begriff." (Vortrag Nr. 3997, 21. 2. 1920). Die anthroposophische Philosophie der Geschichte fällt mithin unter den Titel: Goetheanismus, d. h. es handelt sich – im Sinne Goethes – nicht darum, Tatsachen zu „erklären", sondern durch die entsprechende Gruppierung der Tatsachen beleuchten sich diese gegenseitig, – wobei es sich als höchst fraglich erweist, ob die „Eule der Minerva" zu den Tatsachen zu rechnen ist. Hegel ist ein *Verspäteter*, er repräsentiert – geisteswissenschaftlich ausgedrückt – einen „zurückgebliebenen Mond-Impuls"!

Als Lessing sich die Weltgeschichte als eine Veranstaltung zur „Erziehung des Menschengeschlechts" vorstellte und von dieser Idee her mit dem Gedanken der wiederholten Erdenleben sympathisierte, da war er so weit als nur möglich von dem anthroposophischen Begriffe der *Entwicklung* (Ewige Entwicklung als Gegenwart!) entfernt. Deshalb könnte nur eine oberflächliche anthroposophische Journalistik die Wertschätzung der „Idee" Lessings einer ernsthaften Bemühung um das Verständnis von Reinkarnation und Karma, als „vom Gesichtspunkte der modernen Naturwissenschaft notwendige Vorstellungen", vorziehen. Lessing huldigte einer illusionären Idee von göttlicher „Vorsehung". Erst durch die NATUR-Erkenntnis des 19. Jahrhunderts wird der Teleologismus, der noch bei Lessing spukt, gründlich ausgemerzt. Der geisteswissenschaftliche Entwicklungsbegriff ist strengstens antiteleologisch, denn er versteht unter Weltgeschehen, Entwicklung und Geschichte nicht einen Marsch auf ein Ziel hin, das von einem unbekannten Gotte vorgedacht wäre, sondern den *Aufbruch aus dem Ziele heraus.*

Indem man sich einen Blick erwirbt für das „luziferische Prinzip" im Sinne Rudolf Steiners, tut man den ersten Schritt zum Verständnis der Wiederverkörperung des Geistes. –

Relativ zur Gegenwart des Wesens „der Mensch" sind die
Meier, Müller, Schiller usw. Verspätete. Sie haben aber vor
sich die Möglichkeit und die Aufgabe, in vielen Wiederverkörperungen die Verspätung doch noch einzuholen –
in einer fernen Zukunft, welche Zukunft vom Dasein des
Wesens „der Mensch" als *Gegenwart* vorweggenommen ist.
– Würde sich ein Meier oder Müller in den Kopf setzen, in
einer Inkarnation „vollendet" zu sein, so stünde er unter der
Inspiration *Ahrimans*. Die ahrimanischen Wesen sind kosmisch
verfrühte Wesen; sie wollen jetzt schon etwas sein, was sie erst
in einer fernen Zukunft sein sollen. Es ist das große Anliegen
des anthroposophischen Pädagogiums, das kosmisch richtige
Gleichgewicht zwischen Luziferischem und Ahrimanischem
zu ermöglichen. Das gute Verhältnis zwischen Luzifer und
Ahriman heißt anthroposophisch: Christus-Impuls.

Eine Nebenbemerkung: Kann und *darf* denn den Menschen
gesagt werden, dass das künftige Ziel der Weltentwicklung
in der *Gegenwart* da ist? Es wäre gewiss nicht ratsam, diesen
Gedanken an Unvorbereitete zu vermitteln. Für viele Menschen
unserer Epoche ist nun einmal die Idee des „Fortschritts" der
Bildungsersatz für die Inhalte einstmaliger hoher Religion.
Der Wissende wird die Fortschrittsenthusiasten nicht kalt-
herzig ernüchtern wollen. Er wird vielleicht bei passender
Gelegenheit die Ironie als didaktisches Mittel gebrauchen. Ich
meine Derartiges mitangesehen zu haben. So um 1920 herum
agierte der Sturm und Drang der damaligen „akademischen
Gruppenseele" nach der Parole: Rudolf Steiner hat uns einen
Weg erschlossen; und nun kommen *wir*, um auf diesem Wege
die Impulse und Ziele der Geisteswissenschaft zu „verwirk-
lichen". Damals hörte ich Rudolf Steiner in einem Berliner
Vortrage zum jungakademischen Sturm und Drang sagen:
Ja, die Herren steigen auf der Leiter immer höher und höher

hinauf, – und wenn sie ganz oben sind, nun – dann kommen sie wieder herunter. Er sagte es mit unvergleichlichem Charme. Ich denke übrigens, dass für Männer des Fortschritts genug zu tun bleibt, auch wenn „der Mensch" schon fertig ist.

Ihr

Zehnter Brief

16. Juni 1953

Sehr geehrter Herr Dr. L.!

Um Distanz zu schaffen gegen die unmögliche Zumutung des Dr. P. und anderer, die den natürlichen Einzelmenschen in *einem* Dasein als die „Metamorphose" eines natürlichen Einzelmenschen in einem früheren Dasein verstehen möchten, kann man sich entschließen, den Schlusssatz des Buches „Die Geheimwissenschaft im Umriss" zu beachten. Er lautet: „Entwicklung der Menschenformen und Entwicklung der Seelenschicksale muss übersinnliche Erkenntnis *auf zwei ganz getrennten Wegen* suchen; und ein Durcheinanderwerfen der beiden in der Weltanschauung wäre ein Rest materialistischer Gesinnung, der, wenn er vorhanden, in bedenklicher Art in die Wissenschaft des Übersinnlichen hineinragen würde." (Die Geheimwissenschaft im Umriss, 16.–20. Aufl. mit Vorwort Rudolf Steiners vom 10. Januar 1925, S. 374.) Es handelt sich darum, die dem „Biologen" von der Universität her anhaftende materialistische Gesinnung auszumerzen und den „Rest" dieser Gesinnung nicht als vermeintliche Anthroposophie auszugeben.

Die zwei Wege, die Entwicklung der Menschenformen und die Entwicklung der Seelenschicksale, werden in den Buche „Theosophie" klar auseinandergehalten. Es wird in dem Kapitel „Wiederverkörperung des Geistes und Schicksal" ausgeführt: Die physische Gestalt, die Schiller an sich getragen hat, ist eine Wiederverkörperung der menschlichen Gattungswesenheit. Die charakteristische physische Gestalt Schillers, mit seinem „Schillerkopf", ist – man entschließe sich doch zur Kenntnisnahme des klaren Textes – eine Wiederverkörperung der „menschlichen Gattungswesenheit". In dieser physischen Gestalt nimmt der „Geist" Schillers, d. h. sein „Geistesmensch", *Wohnung*. Das Seelenschicksal des in Entwicklung begriffenen Schiller-Geistes und die Entwicklung der physischen Menschenform, die dem Geiste Schillers Wohnung gibt, sind „zwei ganz getrennte Wege". Es ist absurd, sich den vermeintlichen „natürlichen Einzelmenschen" Schiller als die Metamorphose eines früheren „natürlichen Einzelmenschen" vorzustellen. Es ist absurd, sich vorzustellen, dass Schiller kurzerhand „sich" wieder verkörpert; Schillers Geistesmensch ist *Teilnehmer* an der „Wiederverkörperung des Geistes". Die sich wiederverkörpernde menschliche Gattungswesenheit ist EINER, d. h. sie ist der Geist eines faktisch wirklichen Menschen, der seine physische Körperlichkeit als SEELE dem Weltvorgange zur Verfügung stellt. Die Körper der Meier, Müller, Schiller usw. sind unmittelbar Bestandteile der Seele (Weltseele).

Da „menschliche Gattungswesenheit" das gleiche bedeutet wie „Wesen des Menschen", kann es sie – *nach Jean-Paul Sartre* – nicht geben. Sartres Philosophie beruht auf dem Kunstgriff: Il n'y a pas de nature humaine. Sartre darf nicht überhört werden, denn er hat der Philosophie des 20. Jahrhunderts einen Ruck der Redlichkeit gegeben. Nun ist aber in der Frage „Wesen des Menschen" die *Philosophie* überhaupt nicht zuständig; die

Entscheidung darüber, ob es das Wesen oder die Natur des Menschen gibt, beruht auf dem puren Zufall. Sartre meint: der Mensch (Meier, Müller, Huber usw.) ist nichts anderes als das, wozu er selbst sich macht. Ähnlich wie für einige Anthroposophen sind für Sartre die Meier, Müller, Huber usw. ihre eigenen Weltschöpfer. Sartre schwindelt nicht. Sein Atheismus ist sogar bemerkenswert. Dabei ist es unerheblich, dass Sartre, von dem Exjesuiten Heidegger herkommend, eine katholisch-ontologistische Begriffsapparatur benützt. „L'existentialisme athée, que je représente, déclare que si Dieu n'existe pas, il y a au moins un être chez qui l'existence précède l'essence, un être qui existe avant de pouvoir être défini par aucun concept, et que cet être c'est l'homme ou, comme dit Heidegger, la réalité humaine. Qu'est-ce que signifie ici que l'existence précède l'essence? Cela signifie que l'homme existe d'abord, se rencontre, surgit dans le monde, et qu'il se définit après. L'homme, tel que le conçoit l'existentialiste, s'il n'est pas définissable, c'est qu'il n'est d'abord rien. Il ne sera qu'ensuite, et il sera tel qu'il se sera fait. Ainsi, il n'y a pas de nature humaine, puisqu'il n'y a pas de Dieu pour la concevoir." (Jean-Paul Sartre, L'existentialisme est un humanisme, S. 21.) Also es gibt – nach Sartre – deswegen nicht die „nature humaine", weil kein Gott da ist, um den Begriff des leibhaftigen Menschen zu *denken*. Wie sollte es auch der körperlose Christengott anstellen, den Begriff Mensch zu denken, wenn er als Körperloser notwendig ohne Bewusstsein ist. Was Sartre da entdeckt haben will, hat *Max Stirner* schließlich auch schon gewusst, nur hatte Stirner, da er weder Katholik noch Franzose war, nicht den Ehrgeiz, einen spätrömischkatholischen „humanisme" zu begründen. Stirner ergriff das Ich-Rätsel als Deutscher. Die Zahl der Tollkühnen, die auf die Schrecken des Ich-Rätsels stoßen, ist gering. Der tollkühne Sartre, der gegenwärtig Viele fasziniert, ist ernstlich auf das Ich-Paradox gestoßen, aber er erscheint doch nur wie ein Schatten des lichten Max Stirner. Die göttliche Heiterkeit bei Stirner wird bei Jean-Paul Sartre zur makabren Nichtigkeit. Stirner spottet über die Philosophen, die den Begriff des Menschen aufstellen wollen; sein Spott ist berechtigt, denn er wusste noch nicht, dass der Begriff des Menschen einzig dem puren Zufall entspringen könnte. Die „Idee" oder das „Ideal" „Mensch" ist für Stirner ein „Spuk": „Das Ideal 'der Mensch' ist *realisiert*, wenn die christliche Anschauung umschlägt in den Satz: 'Ich, dieser Einzige, bin der Mensch'. Die Begriffsfrage: 'was ist der Mensch?' – hat sich dann in die persönliche umgesetzt: 'wer ist der Mensch?' Bei 'was' suchte man den Begriff, um ihn zu realisieren; bei 'wer' ist's überhaupt keine Frage mehr, sondern die Antwort im Fragenden gleich persönlich vorhanden: die Frage beantwortet sich von selbst." (Der Einzige und sein Eigentum, Reclam, S. 429.) Stirner möchte sich auf keinen Fall von der *Idee* „Mensch" narren lassen; es ist ihm geradezu gleichgültig, ob er ein Mensch oder ein Gott ist. Anders Sartre, der als Philosoph vom lyrischen Schwarzwald herkommt, wo Martin Heidegger den Bankerott seines Jesuiten meditiert. Sartres Lehre vom Menschen hat unter anderem die Aufgabe, die längst evidente bloße Musealität der thomistischen Anthropologie zu bestätigen. Sartre demonstriert auf der katholischen Linie das gleiche wie Stirner auf der Hegel-Linie: dass Gott, um den Begriff des leibhaftigen „Ich" denken zu können, unvermeidlich ein leibhaftiger Mensch sein müsste. Daher konnte der letzte ernsthafte Versuch, den Gott des Theismus zu konservieren, nur die Maßnahme Eduard von Hartmanns sein, der den Gott zum „Unbewussten" ernannte. Anstatt dass Sartre sich die durch Stirner und Hartmann bestimmte Situation der hohen deutschen Metaphysik zum Problem werden lässt (dies brauchte nicht nach dem Vorbilde zu geschehen, das vom Fürst-Erzbischof von Wien, Kardinal von Rauscher, geliefert wurde, der in wilder Wut gegen den protestantischen Preußen und „Gottesleugner" Eduard von Hartmann anrauschte), bildet er den spätlateinischen „humanisme" der Meier, Müller und Huber aus, denen keine andere Wahl mehr bleibt, als dass jeder sein eigener Weltschöpfer ist. Sartre meint: Die ganz zufällige Faktizität, die ich bin, ist ihr Zufall nicht im Verhältnis zu irgendeinem Notwendigen oder gar Absoluten. Ich bin gerade als Zufall absolut, und nicht nur dies, ich bin als Zufall das einzige denkbare Absolute. Ich beweise mir meine Absolutheit, indem ich mich als den Zufall, der ich bin, frei erwähle. Ich bin souverän, indem ich mich selbst mache. Meine Zufallsexistenz ist nicht etwa sinnlos, sondern als absolut habe ich meinen Sinn in meiner Absurdität. Ich bin – spätkatholisch – eine „passion inutile".

Es ist erfreulich, wenn durch den kühnen und redlichen Jean-Paul Sartre daran erinnert wird, dass die Gewinnung des *Begriffs* des Menschen (Sartre sagt „Natur" des Menschen) kein Unternehmen und Problem von *Philosophen* sein kann. Denn ob es den Begriff des Menschen gibt, wird, philosophisch gesehen, einzig dem absoluten Zufall verdankt. Der „Begriff des Menschen" ist ein absolut transzendenter leibhaftiger Mensch, der sich mit Haut und Knochen in GEIST aufgelöst hat und ein gleichsam Toter ist, dessen physische FORM als Geist die FORM DER NATUR ist. Wenn ich von dem Begriffe des Menschen Kenntnis haben soll, so kann mir diese nur durch die Mitteilung des absolut Transzendenten werden, und dies in der Weise, dass mir aus der Transzendenz das Sinnesorgan für die Wahrnehmung der Gedanken (Vorstellungen) einge-schaffen wird, die der Transzendente verschenkt. Mittels des Sinnesorgans, das geisteswissenschaftlich „Sinn für die Wahrnehmung der Gedanken eines Andern" heißt, nehme ich die Wahrheiten des den Begriff des Menschen Verschenkenden ebenso *passiv* auf, wie ich das Phänomen eines vor mir stehenden Kameles nicht aus mir produziere, sondern passiv aufnehme. Der „Sinn für Gedankenwahrnehmung" wird von den ehrenwerten Philosophen beargwöhnt und als Beleidigung empfunden, denn die Ehrenwerten sind mit Nicolaus Berdiajeff der Ansicht, es gebe *zweierlei* Offenbarung: der Offenbarung Gottes müsse die Offenbarung der Meier, Müller, Huber usw. antworten. Das ist ein derbes Missverständnis, denn die Meier, Müller, Huber und Konsorten haben natürlich nichts zu offenbaren, als bestenfalls, mit dem redlichen Sartre zu sprechen, ihr „rien". Die Berdiajeffs und Leute der philosophischen „Gruppenseele" sind in schlechterer Kondition als die rechtschaffenen Atheisten. Aus einem rechtschaffenen Atheisten kann jederzeit einer werden, der etwas Neues lernt; die Berdiajeffs dagegen werden längere Zeit gebrauchen, um hinter ihr „rien" zu kommen.

Sartre stellt in gewisser Weise die Kontinuität mit der deutschen Philosophie der Mitte des 19. Jahrhunderts her. Seine Abrogation der „Natur des Menschen" scheint die Kritik Stirners an Feuerbach zu wiederholen, entspricht der Fronde des leibhaftigen Einzigen gegen alles Gerede von einem „Menschen im allgemeinen". Feuerbachs anthropologische Theologie hatte die menschliche „Gattung" zum neuen Gotte erhoben. Aber dieses Feuerbachsche „Wesen des Menschen" und „Bewusstsein der Gattung" ist natürlich auch nur eine supranaturalistische Abstraktion und Fiktion wie der museale theologische Gottesbegriff. Feuerbachs Anregungskraft war ungeheuer. Wie zeitgemäß sie war, kann man von Karl Barth erfahren (Die protestantische Theologie im 19. Jahrhundert, § 18: Feuerbach). Barth deutet an, Feuerbach habe die Theologie seiner Zeit besser verstanden, als diese sich selbst verstand. Indem Feuerbach die „Apotheose der Humanität" intendierte, machte er nur das geheime tiefere Anliegen der Theologie seiner Zeit offenbar. Der Impetus Feuerbachs, als den bedeutendsten auffindbaren theologischen Gegenstand den *Menschen* zu wissen, oder kurz die „Apotheose der Humanität", hat dann eine gründliche methodische Kursänderung vollzogen. Feuerbach hatte ein wenig voreilig und vorläufig von der „Gattung" des Menschen gesprochen. Noch zu seinen Lebzeiten stellte sich die Möglichkeit ein, das altehrwürdige Universalienproblem – die im Streit zwischen Nominalismus und Realismus offen gebliebene Frage nach der Realität der Gattungsbegriffe – auf einer ganz neuen Grundlage zu wiederholen. Bei *Ernst Haeckel* hieß die „Gattung" jetzt „Stamm" – und schien eine beobachtbare kausierende Realität zu sein. Haeckel war philosophisch zu wenig interessiert, um die methodische Neuorientierung des Universalienproblems zu bemerken. Immerhin, wenn nach Haeckel die Entwicklung des menschlichen Keimes als die Rekapitulation der Entwicklung des „Stammes" zu begreifen ist, wobei der „Stamm" das Kausierende ist, dann gehörte jetzt zum „Allgemeinbegriff" des Menschen die Fähigkeit der Menschen-Form, die Formen des Tierreiches in sich zu enthalten. So hätte jedenfalls in Deutschland die Sache angesehen werden müssen, wenn man nicht durch den unliebsamen Zwischenakt der darwinistischen Engländerei vorübergehend gehandicapted gewesen wäre. Durch die Haeckelsche Kursänderung der „Apotheose der Humanität" gerieten die Theologen in beträchtliche Verlegenheit; sie haben noch heute Mühe, zu bemerken, dass sie den Anschluss an das Thema „Mensch" erst noch zu gewinnen haben. Denn wenn heutige Kirchenlehrer „theologische Anthropologie" treiben, dann entspricht ihr Wissen um den wirklichen Menschen dem Wissen des redlichen Jean-Paul Sartre, der sich ebenfalls um die moderne Naturerkenntnis foutiert.

Durch Sartre, der wenigstens der *Philosophie* des 20. Jahrhunderts einen Ruck der Redlichkeit gab, kann etwas an den Tag kommen: die Identität von materialistischer Denkart und christlicher Denkart. Wir brauchen etwas Redlichkeit, um dahinter zu kommen, dass wir uns von bequemen Denkarten narren lassen. Das Verhängnisvollste ist die Ansicht, das Materialistische und das Christliche seien Gegensätze. Ich werde mich im nächsten Briefe mit der christlichen Denkart befassen.

Ihr

Elfter Brief

24. Juni 1953

Sehr geehrter Herr Dr. L.!

In diesem Briefe will ich die christliche Denkart geißeln. Sie ist die unerkannte Ursache der materialistischen Vertölpelung unserer Kultur. Der Materialismus hat seinen Grund und Ursprung in der Religion. Die christliche Denkart meint: „Gott ist im Himmel und du auf Erden" (K. Barth, Vorwort z. „Römerbrief"). Man stellt sich ein *Verhältnis* vor zwischen dem, was man abstrakt „Mensch" und dem, was man ebenso abstrakt „Gott" nennt. Nun, um dieses Verhältnis zu denken, müsste ein Dritter da sein. Wer ist denn dieser Dritte? Sehr einfach, dieser Dritte ist die gewöhnliche Verstandesarroganz. Nachdem die Verstandesarroganz der Religion den Menschen lang genug ansuggeriert hatte, sie stünden dem Gotte gegenüber, nahm dieser Wahn, seit die Identität von Gott und Welt nicht mehr bezweifelt wird, die Gestalt an: Hier bin ich und dort ist die Welt, ich bin ein der Welt Gegenüberstehender, ich stehe in einem Verhältnisse zur Welt, ich bin ein auf die Aktion der Welt Reagierender. Dieser von der Religion veranlasste Wahn, der sich unter Meier, Müller, Huber usw. *Ganzheiten* vorstellt, die zur Welt in einem von ihnen festgestellten „Verhältnisse" stehen, ist der Nährgrund alles Naturalismus und Materialismus. Meier, Müller, Huber usw. sind *keine* Ganzheiten; sie sind *Teilnehmer* an dem Ganzen der Welt, das Ein Mensch ist; sie sind, z. B. im sinnlichen Wahrnehmen, Teilnehmer am Selbst-Verhältnis der *Welt*.

Die christliche Denkart, dieser Urquell des modernen Materialismus, demonstriert sich hemmungslos in der Forma corporis-Theorie der offiziellen katholischen Anthropologie. Die „Seele" Meiers oder Müllers soll die Entelechie des Körpers Meiers oder Müllers sein. Dieser Unsinn stammt von Aristoteles; dieser Unsinn stellt einen Insult gegen das Sonnenwesen dar, das geisteswissenschaftlich als der Christus benannt wird. Wenn der einjährige Hansli Meier sich zum ersten Male frei aufrichtet und die ersten Gehschritte ausführt, dann ereignet sich das Zusammenwirken des Geistes der Sonne mit dem Geiste der Erde; der Sonnengeist Christus selbst ist der Wirkende, wenn Hansli Meier sich in die Vertikale stellt, und es ist lächerlich, eine dürre Abstraktion des alten Aristoteles – die angebliche „Seele" des Hansli Meier – an die Stelle des wirkenden Gottes zu setzen. Es ist, geisteswissenschaftlich gesehen, ein Schwindel, von „Seele" zu sprechen, wenn die Seele nicht der Kraft des Christus verdankt ist. Die katholische Seelentheorie kommt ohne den Christus aus, sie bezieht ihre „Seele" noch immer von Aristoteles. Geisteswissenschaftlich versteht man unter SEELE den Gott selbst: SEELE, das ist ein physischer Mensch als Geist, der seinen physischen Menschen als *forma mundi* dem Weltvorgang zur Verfügung stellt, und der seinen Christus der *Entwicklung* der Welt einfügt, damit die Meier, Müller, Huber usw. als Iche oder „Seelen" das Wesen des Menschen erahnen lernen.

Im theologischen historischen Museum ist man noch nicht geneigt, zu bemerken, dass sich das Wesen des Christus aus der „Natur des Menschen" herleitet. Karl Barth behauptete 1933 emphatisch: „In der Kirche ist man sich darüber einig, dass Jesus Christus für uns in der ganzen Welt nirgends zu finden ist als jeden Tag neu in der Schrift Alten und Neuen Testamentes." Diese Behauptung denkt anscheinend nicht daran, dass sie dem gegenwärtigen wirklichen Christus höchst gleichgültig sein könnte. Zu der Behauptung des kirchlichen Führers Barth im Hitlerjahr 1933 gibt es im voraus den Kommentar der Geisteswissenschaft vom Jahre 1911, in der Schrift: „Die geistige Führung des Menschen und der Menschheit". Auf die Frage: Was steht in den Evangelien? antwortete die Geisteswissenschaft 1911: „In der Geschichte des Jesus von Nazareth wird berichtet: 'In jedem Menschen ist erkennbar der Christus!' Und wenn auch keine Evangelien und keine Überlieferungen vorhanden wären, die besagen, irgendeinmal habe ein Christus gelebt, so würde man durch Erkenntnis der Menschennatur erfahren, dass der Christus im Menschen lebt." Es ist in Ordnung, dass der rechtschaffene Theologe über diese Zumutung vor Wut zu platzen droht, doch ist dafür gesorgt, dass der Theologe sich irgendeinmal mit dem Ernst dieser Zumutung auseinandersetzen wird. Der Theologe wird sich dannzumal mit dem monumentalen Thema befassen, das auf Seite 17 von „Die geistige Führung des Menschen und der Menschheit" vorgemerkt ist und lautet: „*Der Mensch ist die Offenbarung des Geistes durch seinen Leib; die Evangelien sind solche Offenbarung durch die Schrift.*"

Der Unterschied zwischen der christlichen Denkart (die notwendig den modernen Materialismus hervorbringen musste) und der Art, wie die Geisteswissenschaft der Natur des Menschen gerecht wird, ist dieser: Die Geisteswissenschaft lehrt: Was der Mensch ist, wird erkannt, indem sein LEIB im gleichen Sinne als die Offenbarung Gottes verstanden wird, wie die Evangelien als eine Offenbarung Gottes durch die Schrift zu verstehen sind. Die christliche Denkart dagegen lässt sich von Aristoteles dahingehend belehren: ein Meier oder Müller sei eine Ganzheit, wenn das Universum den Weltenspießbürger Aristoteles hervorbringt, der zu den körperlichen Meier und Müller deren „Seele" oder Entelechie hinzuspintisiert. Was soll uns solcher alte Zopf? Für uns heißt das unentbehrliche Merkmal an so etwas wie Seele: „Ich"! Aristoteles hat nicht gesagt: „Ich, Aristoteles, bin die Entelechie der Meier und Müller." Das wäre eine ernsthafte Art gewesen, das Problem „Seele" anzupacken. Weil Aristoteles nur unernsthaft über „Seele" spintisiert, ist er für uns ein alter Zopf – zur Vermehrung der Schönheit der Mittelmeerreligion.

Die christliche Denkart – von Aristoteles bis Jean-Paul Sartre – ist die Brutstätte des Materialismus, indem sie den „natürlichen Einzelmenschen" fingiert, den es gar nicht gibt. Es ist Tölpelei der christlichen Denkart, wenn Dr. P. und andere als ihr Verständnis der Wiederverkörperung die Meinung anbieten: die Meier und Müller seien „Metamorphosen" ihrer natürlichen Einzelmenschen.

Ich muss die christliche Denkart losgeworden sein, um in dem Buche „Theosophie" das Kapitel „Wiederverkörperung des Geistes und Schicksal" mit Verstand lesen zu können. Ich muss losgekommen sein von dem Irrwahn, die Meier, Müller, Huber usw. seien Ganzheiten. Die Meier usw. als „natürliche

Einzelmenschen" sind eben keine Ganzheiten. Wer ist z. B. in den „natürlichen Einzelmenschen" Meier, Müller, Huber usw. das Subjekt ihres *Gedächtnisses*? Die christlich-materialistische Denkart zögert keinen Augenblick, anzunehmen, dass als Subjekt der Gedächtnistätigkeit des Hans Meier eben der Hans Meier bezeichnet werden müsse, denn das ganze persönliche Seelenleben des Hans Meier hängt doch fundamental und ausschließlich an seinem Erinnerungsvermögen. Das Buch „Theosophie" teilt diese christlich-materialistische Ansicht nicht. Aber nun ist es durchaus verständlich, dass Leute mit christlicher Denkart nicht in der Verfassung sind, die Inhalte des Buches „Theosophie" wahrzunehmen. In dem Buche „Theosophie" beginnt das Kapitel über die „Wiederverkörperung des Geistes" bezeichnenderweise mit Ausführungen über das Erinnerungsvermögen. Die Ausführungen enthalten die Antwort auf die Frage, wer in Meier, Müller, Huber usw. das Subjekt des Gedächtnisses sei. Ich will die anthroposophische Lehre vom menschlichen Gedächtnis durch einen einzigen pointierten Satz ausdrücken; der Satz, der bei jedem patentierten Christen Empörung auslösen muss, lautet: Der Grund, warum nicht Fritzchen Müllers Hund, wohl aber Fritzchen Müller das Einmaleins lernt, ist der, dass nicht in Fritzchens Hund, dagegen in Fritzchen Müller unmittelbar der Gott das Subjekt seines Gedächtnisses ist. – Fritzchen Müller ist keine Ganzheit, was er in Wirklichkeit – d. h. eben als Ganzheit – ist, das ist er als TEILNEHMER am Menschen, oder christlich: als Teilnehmer am Tun Gottes. – Man sieht, man muss die christliche Denkart preisgegeben haben, wenn man gewisses Neues lernen will. Wenn einige die Gedächtnislehre der Bücher „Theosophie" und „Geheimwissenschaft" noch nicht zur Kenntnis genommen haben sollten, so können sie das Versäumte nachholen. Es ist

nicht die Schuld der Bücher Rudolf Steiners, wenn ihr Inhalt
unbekannt ist.

Ihr

Brief von Hans Erhard Lauer

Basel, den 16. Mai 1953

Sehr geehrter Herr Ballmer!

Die „unhöfliche" Art, in der Sie mich und andere Glieder der „akademischen Gruppenseele" anrempeln, entspricht allerdings nicht meinem Geschmack. Ich bin sonst gerne bereit zu jeder Aussprache über anthroposophische Probleme und auch zur Entgegennahme von Belehrungen; nur müssen diese auch in anthroposophischer d. h. menschlicher Art erfolgen und nicht in Form des bloßen Abkanzelns, Lächerlichmachens und Entlarvens. Was übrigens Ihre eigene Auffassung der in Rede stehenden Probleme betrifft, so bleibt mir deren eigentlicher Sinn solange unverständlich, als Sie sie nur in Form von Orakelsprüchen oder von Kritiken andrer Auffassungen kundgeben. Eine Auseinandersetzung mit ihr würde erst möglich und sinnvoll, wenn sie in einer positiven und systematischen Darstellung vorläge.

Mit bestem Gruß

Ihr

Hans Erhard Lauer

Brief von Hans Erhard Lauer

z. Zt. Zürich, 27. Mai 1953

Sehr geehrter Herr Ballmer!

Aus Ihrem Brief vom 17. Mai, in welchem Sie den Ansatz zu einer „systematischen Darstellung" Ihrer Auffassung von der Reinkarnation machen, entnehme ich, dass der Cardinalpunkt derselben darin liegt, die Reinkarnation könne nicht mittels der Metamorphose –, sondern müsse mittels des Schöpferbegriffs verstanden werden (in welch letzterem der erstere „aufgehoben" sei). Ich sehe da nicht ein „Entweder-Oder", sondern ein „Sowohl-Als auch". Denn ich glaube, am Reinkarnationsgeschehen sind zwei Aspekte zu unterscheiden: der „Tatsachen-Aspekt" und der „Bewusstseins-Aspekt".

Vom Tatsachenaspekt aus erscheint das Geschehen als ein solches der Metamorphose insofern, als die Individualität oder unvergängliche Geistsubstanz des Menschen in jedem neuen Leben in einer anderen Entwicklungsgestalt (Metamorphose) erscheint. Diese verschiedenen Entwicklungsgestalten sind die verschiedenen *Persönlichkeiten* (Plato, Hroswitha, Schröer), die eine bestimmte Individualität annimmt. (Sind das die „sekundären" Subjekte der Reinkarnation in Ihrer Auffassung?)

Vom Bewusstseinsaspekt aus gesehen würde ich die Reinkarnation mit dem Begriff des „Schöpfers" in Beziehung bringen. Denn die „Entwicklung des Menschen vom Geschöpf zum Schöpfer" besteht doch wohl darin, dass seine Geistsubstanz im Lauf ihrer Inkarnationen stufenweise den *Ich-Charakter* ausbildet. In der Ichwerdung liegt doch wohl der Aufstieg des Menschen vom Geschöpf zum Schöpfer. Darin sind drei Stufen zu unterscheiden.

Auf der ersten (orientalische Reinkarnationslehre) weiß der Mensch zwar von der Reinkarnation, aber noch nicht davon, dass es diejenige seines „Ich" ist. Denn er ist noch kein Ich, keine Persönlichkeit. Es handelt sich hier eigentlich um eine Reinkarnation des Karmas. (Was als erst keimhaftes „Ich" erscheint, wird als vergänglich betrachtet.) Daher auch der ungeschichtliche Charakter dieser östlichen Reinkarnationslehre.

Auf einer zweiten Stufe erwacht der Mensch zum Persönlichkeitsbewusstsein, aber er schreibt diesem bloß als „Persönlichkeit" gedachten Ich noch keine Reinkarnation, sondern nur eine nachtodliche Unsterblichkeit (Aristoteles) zu.

Auf einer dritten Stufe, die mit Rudolf Steiner beginnt, macht sich das Selbstbewusstsein vom Leibe unabhängig und wird dadurch erst zum wahren Ichbewusstsein, d. h. zum Selbstbewusstsein der Individualität als solcher, – oder umgekehrt: die Individualität erlangt erst jetzt im vollen Maße Ich-Charakter. Es entsteht damit die Kontinuität des Ichbewusstseins über die ganze Folge der Inkarnationen der Individualität hin. Daher nun hier die Verbindung von Reinkarnationslehre und Geschichtsauffassung. Der Mensch erlebt jetzt seine bewusst erfasste Individualität als das wesentlich *Menschliche* in sich. Daher wird hier auch die orientalische Auffassung überwunden, der Mensch könne – je nach seinem Verhalten – auch als Tier wiedergeboren werden. –

Ich weiß nicht, ob, durch diese skizzenhaften Bemerkungen unsere Auffassungen einander näher gekommen sind bzw. ob

ich damit etwas beitragen konnte zur Verständigung zwischen
unseren verschiedenen Auffassungen? – –

Mit bestem Gruß

Hans Erhard Lauer

Hans Erhard Lauer

Aus den Arbeitsnotizen zu den Elf Briefen
(1953)

Lanier VIII.

Prof. Gebhard Frei   Schweizer Rundschau

Man macht keine ~~gute~~ erbebliche ~~wenn~~ indem
~~die~~ man die sehr berechtigte Frage.
-- Frei -- überhört, denn diese
Frage ist nicht nur berechtigt, sondern ist
die eigentlich zentrale Frage. Eine
anthroposophische Apologetik, die sich die
wichtigsten ~~gegen~~ Einwände weder selbst zu
stellen vermöchte, noch die Einwände hört,
wenn sie sachgemäss von ~~anderer Seite~~ an
ihn auftreten, hätte noch einiges hinzuzulernen (Vgl. DIE DREI, 18. Jahrg. S. 361 f.)

Wohnung der Geister
Die Frage nach dem Primärsubjekt der Wiederverkörperung wird in -- nur eben gestreift.

Lauer VIII.

Prof. Gebhard Frei, Schweizer Rundschau

Man macht keine erhebliche Figur, indem man die sehr berechtigte Frage – – Frei – – überhört, denn diese Frage ist
nicht nur berechtigt, sondern ist die eigentlich zentrale Frage.
Eine anthroposophische Apologetik, die sich die wichtigsten
Einwände weder selbst zu stellen vermöchte, noch die Einwände
hört, wenn sie sachgemäß von außen her auftreten, hätte noch
einiges hinzuzulernen (Vgl. DIE DREI, 18. Jahrg., S. 361 f.)

Wohnung der Geister

Die Frage nach dem Primärsubjekt der Wiederverkörperung
wird im – – nur eben gestreift.

Die Zahl der ~~Tollkühnen~~, die das Ich-Rätsel zu Gesicht
bekommen, ist gering. Der tollkühne Jean Paul Sartre,
der gegenwärtig viele faszeniert, erscheint doch nur wie
der Schatten Max Stirners.

Bei der „menschlichen Gattungswesenheit", die auch
„der Mensch" heißen kann, sind Physischer Mensch und
Ich das Gleiche. Dass die menschliche Gattung, wie es
in dem Buche »Theosophie« heißt, eine ist, bedeutet, dass
„der Mensch" als die Vielzahl der „Exemplare" der
Gattung „der Mensch" ... Physischer Mensch und Ich ist

Die menschliche Gattung ist, wie es in dem Buche »Theosophie«
heißt, eine. Die Gattung „der Mensch" ist Einer und
viele.

Die Zahl der Kühnen, die das Ich-Rätsel zu Gesicht bekommen,
ist gering. Der tollkühne Jean Paul Sartre, der gegenwärtig viele
fasziniert, erscheint doch nur wie ein Schatten Max Stirners.

Bei der „menschlichen Gattungswesenheit", die auch „der
Mensch" heißen kann, sind Physischer Mensch und Ich das
Gleiche. Dass die menschliche Gattung, wie es in dem Buche
„Theosophie" heißt, *eine* ist, bedeutet, dass „der Mensch"
als die Vielzahl der „Exemplare" der Gattung „der Mensch"
Physischer Mensch und Ich ist

Die menschliche Gattung ist, wie es in dem Buche „Theosophie"
heißt, eine. Die Gattung „der Mensch" ist Einer und viele.

Briefe über Wiederverkörperung

Verkörperung geht
<u>Entkörperung</u> voraus
Der Wörter -!!   Welt!

Anträge
Vom Seelenleben

Briefe über Wiederverkörperung

Verkörperung setzt *Entkörperung* voraus

Der Schöpfer!! Welt!

Aufsätze

Vom Seelenleben

Die Faktizität, die ich bin, ist ~~eine~~ Zufall; ~~indessen~~
jedoch nicht Zufall im Verhältnis zu einem, Notwendigen
oder Absoluten ~~sondern~~ ich bin als Zufall absolut, ~~sondern~~
~~es gibt kein anderes Absolutes~~ ich beweise mir meine
Absolutheit ~~niedere~~ ~~und frei~~, indem ich mich als
den Zufall, der ich bin, frei erwähle. Meine Existenz
ist ~~...~~ nicht etwas ~~...~~, sondern als absolut ~~...~~ ist es
ich ~~...~~ meiner Absurdität. ~~...~~ Ich bin eine
«passion inutile».

Die Faktizität, die ich bin, ist Zufall; jedoch nicht Zufall im Verhältnis zu einem Notwendigen oder Absoluten. Ich bin als Zufall nicht nur absolut, sondern das einzige wirkliche Absolute. Ich beweise mir meine Absolutheit, indem ich mich als den Zufall, der ich bin, frei erwähle. Meine Existenz ist damit nicht etwa sinnlos, sondern als absolut habe ich Sinn in meiner *Absurdität*. Ich bin eine „passion inutile".

[Entwurf]

Ich will hier die Sätze Dr. Poppelbaums über den lohnenden Erkenntnisgang, die ich in meinem vorigen Briefe anführte, wiederholen: „Die Bemühung um das präzise Erkennen des *Subjektes der Wiederverkörperung* lohnt sich. Sie besteht in einem Erkenntnisgange, der viel weiter führt als bloß zu einer Definition des Ichbegriffes, da er den Menschen lehrt, sein eigenes Ich und das anderer Menschen zu *beobachten*." Herr Dr. Poppelbaum tut also beiläufig kund und zu wissen, er sei ein solcher, der außer dem eigenen Ich das Ich anderer Menschen beobachtet.

Ich bin meinerseits ein solcher, der hier zu bekennen hat, dass er sich auf seinem Erkenntnisgange zunächst unter der Wortfolge „das Ich eines anderen Menschen" nichts Vernünftiges vorstellen kann. Wenn „Ich" *mich* (den hier Schreibenden) bezeichnet, dann müsste ich (der hier Schreibende) *zweimal* vorhanden sein, wenn ich außer mir noch einen Zweiten als „Ich" bezeichnen wollte, oder ich müsste viele Male vorhanden sein, um als eine Vielzahl von anderen Menschen „Ich" zu sein.

Wenn das von mir gesprochene Wort „Ich"

Auf meinem Erkenntnisgange erscheint zunächst schon die Verbindung des Wortes „Ich" mit dem Artikel „das" nicht nur als fragwürdig, sondern als unstatthaft. Der Terminus „das Ich" fingiert offenbar, das nur von mir selbst aussprechbare „Ich" sei der Name für ein Ding, das auch von anderen gesehen und genannt werden könne.

[Entwurf]

Ich will hier die Sätze Dr. Poppelbaums über den lohnenden Erkenntnisgang wiederholen …

… gibt also beiläufig kund und zu wissen, er sei ein solcher, der außer seinem eigenen Ich das Ich anderer Menschen beobachtet (denn ich mag nicht annehmen, dass Dr. P. nur in geölten leeren Redensarten daherfährt). Ich bin meinerseits ein solcher, der hier zu bekennen hat, dass er sich auf seinem Erkenntnisgange zunächst unter der Wortfolge „das Ich eines anderen Menschen" überhaupt nichts Vernünftiges vorstellen kann. Wenn „Ich" *mich* (den hier Schreibenden) bezeichnet, dann müsste ich (der hier Schreibende) *zweimal* vorhanden sein, wenn ich außer mir noch einen Andern als Ich bezeichnen wollte. Mir erschien von jeher die Verbindung des Artikels „das" mit „Ich" unstatthaft. Da ich mit Ich einzig mich selbst bezeichne, kann Ich keine Allgemeinvorstellung und kein Name sein, der außer von mir auch von Anderen ausgesprochen werden könnte, um „Ich" – eben *mich* – zu bezeichnen.

Nichtunterscheidung von Ich und Mensch

Beim jahrzehntelangen Studium der Anthroposophie hatte ich von Anfang das absolute Vertrauen, es müsse bei einiger Anstrengung möglich sein, aus den Mitteilungen der Geisteswissenschaft über „das Ich" die volle Berechtigung meiner oben angedeuteten Restriktionen zu entnehmen. Ich entschloss mich, unter dem anthroposophischen Terminus „das Ich" ~~den Namen für die WELT zu haben. Auf die Frage: „Wieviel Ich gibt es?" antworte ich. Da die Welt Eine ist, ist auch „das Ich" einzig wie die Welt, – nur eignet dem Ich die~~

paradoxe, translogische Fähigkeit, zugleich Einer und Viele zu sein. ein Konkretum vorzustellen.

Tschudi & Co

ELF BRIEFE

Mappenaufschrift für die Korrespondenz mit der Druckerei

Lauer

Ein großer Aufsatz war fällig. Die
tölpelige und darum umso ärgerlichere
„akademische Truppenseele" wollte ich
einmal gründlich bloßstellen. Das ist
jetzt geschehen. Man braucht jetzt nur die
Aufklärung, die dem Erkenntnisunvermögen
H. Wehners zuteil wurde, Wort für
Wort auf D̶ ~~Haarscheid~~ Lauers „Systematik"
Darstellung der 12 ... anzuwenden, um
bei der erschreckenden Offenbarung des absolut
losen Unvermögens dabei zu sein.

                    Warum Uhr. ein einmal
                    im physischen Liebe

Wer nicht ganz unbedenklich ist, wer auch
nur ein bißchen Wirkung hat, wird doch
schon bei den ersten Sätzen stutzig werden
wollen. A ST hat versucht
                          offenbar unglücklich
    Später kamen dann die Herren, um
          auf den Rummel des Unvermögens
die aus dem Verrat A ST ... über
abließen und, ihre „Systematik"

Lauer

Ein großer Unfug war fällig. Die tölpelige und darum umso
arrogantere „akademische Gruppenseele" *musste* sich einmal
gründlich bloßstellen. Das ist jetzt geschehen. Man braucht
jetzt nur die Aufklärung, die dem Erkenntniswissenschafter
H. Witzenmann zuteil wurde, Wort für Wort auf Dr. Lauers
„systematische" Darstellung der 12 Sinne anzuwenden, um
bei der entschiedensten Offenbarung des ahnungslosesten
Unvermögens dabei zu sein.

Warum Chr. nur einmal im physischen Leibe

Wer nicht ganz instinktlos ist, wer auch nur ein bisschen
Witterung hat, wird doch schon bei den ersten Sätzen stutzig
werden wollen. R ST hat versucht

offenbar unglücklich

Später kamen dann die Herren, um auf den Ruinen des Unvermögens die von dem Versuch R ST[s] immerhin übrig
geblieben sind, ihre „systematische"

Weitere Briefe, Entwürfe und Notizen
(1949–1954)

Aus: *Deutsche Physik – von einem Schweizer*

(Ausschnitt aus einem Brief an Joachim Fleckenstein, 24. Dezember 1949)

Man hat im Raum der theologischen Arbeit doch wohl unzureichende Vorstellungen über den Umstand, dass die Welterschaffung eine TRAGÖDIE ist. Ich treffe diese Feststellung in der Aussicht auf mitzuteilende Andeutungen einer Anthroparchie über „Prädestination“. Die Welt ist eine Tragödie – darunter verstehe ich: Der Schöpfer und Urmensch geht ein Risiko ein, er wagt das Weltendrama, als Verschenkter außer sich der zu werden, der er immer schon ist. Zwei getrennt verlaufende Wege zeichnen sich im Weltenwerden – des Ersten Menschen zu sich selbst hin – ab. Die Entwicklung der Menschen-*Leiber* und die Entwicklung der menschlichen *Seelenschicksale* geschehen auf zwei voneinander getrennten Wegen. Die Leiber – – die sind immer der „in die Zahl schießende“ Urmenschenleib selbst. Der Schöpfer, als der Zuschauer seines Schaffens, hält seinen eigenen „in die Zahl schießenden“ Leib den sich wiederverkörpernden Menschengeistern zur Verfügung. Die Ausbildung des eigenen Leibes des Urmenschen, auf seinem Wege zu dem, der er schon ist, enthält bedeutende Risiken (unter dem Symbol eines im Siege erstrahlenden Streiters im tobenden Kampf der

Welttragödie). Frage ich nämlich: *Wer* denn ist es – wenn das Sichverschenken des sich selbst genügenden unerfraglichen Menschen, des Weltenalls, anhebt – , der vor dem irren Blicke der Physiker des 20. Jahrhunderts einer zerplatzenden Granate gleicht?, so muss ich antworten: Er selbst ist es, der Urmensch, indem er das Drama beginnt, außer sich der zu werden, der er ist. Und weiter: *Wer* – wenn aus der Schwimmblase der Wassertiere allmählich die Luft atmende Lunge wird – geht an Land? Er selbst, der Urmensch, sein eigener Zuschauer, geht an Land, immerzu die von Goethe geahnte Verwandlungsgewalt seines „Typus" wirkend – als sein fernster Zuschauer. *Wer* richtet sich auf, wenn Tiere mit horizontalem Rückgrat die Richtung ihres Rückgrates in die Vertikale verlegen? Er selbst, der Urmensch, sein Zuschauer, richtet sich auf. Er verfolgt nämlich nicht theistisch „Zwecke", weil er antiteleologistisch einfach in jeder Weltenstunde SICH selbst handelt. Und *wann* handelt und beginnt der in seinem Wer Identifizierte die Schöpfung? Antwort: Heute, hier, jetzt – in der Ewigkeit des Augenblicks. Diese Vorstellung eines Risikos des Siegers kann nicht die Absicht haben, mit der altbewährten Gottesvorstellung der Augustin, Molina und Barth zu harmonieren. Nun eine weitere Frage „Wer?", eine peinliche Frage: *Wer* beging in Adam die Ursünde? Antwort: Es sind die zwei schon genannten Wege im Weltenwerden streng zu unterscheiden, der Weg der Entwicklung der *Leiber*, und der getrennt verlaufende Weg der *Seelenschicksale*. Adams Vermögen zu sündigen gedeiht auf dem Wege der Seelenschicksale. Dieses Vermögen des Adam, zu sündigen, stellt eine „religiöse Gabe" des Schöpfers dar, und zwar die eine von zwei „religiösen Gaben". Die andere Gabe, das Pendant zur ersten, ist der vom Schöpfer hingegebene „Sohn". Wenn aus Adam ein freier Mann des 20. Jahrhunderts werden sollte, dann musste er vom Schöpfer durch die Sünde geleitet werden, damit er dereinst aus *eigener* Einsicht der christlichen

Ontologie den Abschied geben konnte. Adams Sünde ereignete sich auf dem Werdewege der Seele; dennoch aber wirkte die schadhafte Seele eine Verschlechterung der Leiber; – die Weltentragik ließ das Risiko der „Erbsünde" nicht vermeiden. Die in Christus begnadeten Seelen vermögen bessernd auf die kraft „Erbsünde" schadhaft gewordenen Leiber einzuwirken. In dieser Spannung zwischen erbsündigen Leibern und sich der Gnade aufschließenden Seelen, die als begnadete bessernd auf die Leiber wirken, geht es weiter bis zum Jüngsten Tage. Und die *Prädestination* besteht beim Jüngsten Gericht, also am Beginne der Schöpfung des Urmenschen, darin, dass die Frage zu klären ist (die gut materialistische Erzfrage des 20. Jahrhunderts): *mit welchen LEIBERN die Menschen beim Jüngsten Gericht ankommen.*

Sonderbar: der Freisinn der Jesuiten scheint zuletzt doch noch ins Recht versetzt zu werden: die Prädestination geschieht nun dennoch gleichsam in einem Unternehmen von *zwei Partnern*, in einem Unternehmen der Freiheit, an dem der Schöpfer „*u n d*" die Menschen beteiligt sind.

Mit dieser Auskunft einer Anthroparchie über Prädestination sollte nur eben das gerechte historische Urteil angedeutet werden, weil dieses Urteil in der Theologenstadt Basel seine ganz besonderen Schwierigkeiten hat. Es ist einzusehen, dass die Weltentscheidungen sich nicht auf dem Übungsgelände der Mathematik abspielen werden; die Entscheidungen werden sich auch nicht in der Mathesis des Glaubens, in der theologischen Dogmatik, ereignen; – die Entscheidungen werden schon PHYSIK sein müssen.

Brief an Carlo Septimus Picht

LAMONE, 1. April 1952

Sehr geehrter Herr Picht!

In Lamone findet zur Zeit ein Scharfschießen statt – ich fühle mich zu diesem bildlichen Vergleiche (für meine derzeitige Korrespondenz mit D.) gedrängt, weil tatsächlich von Zeit zu Zeit einen Kilometer von meinem Hause entfernt schwere Artillerie Schießübungen in der Richtung nach dem Monte Tamaro abhält, wobei in der ganzen Gegend der Boden wackelt und die Fenster vom Luftdruck klappern. Der Ausdruck „Korrespondenz" – mit dem Phil.-Anthr. Verlage und der Nachlassverwaltung – ist eine leichte Übertreibung, da der Nachlassverein meine Memoranden scheinbar aus Prinzip ignoriert und nicht beantwortet, während der Verlag auf eine an ihn und den Nachlassverein gerichtete gleichlautende Zuschrift vom 19. März 1952 wenigstens geantwortet hat und durch sein Verhalten einen weiteren Briefverkehr nicht auszuschließen scheint.

Ich schrieb am 19. März 1952 einen Brief ausdrücklich an Verlag „und" Nachlassverwaltung, den ich natürlich in zwei Exemplaren getrennt spedierte. Der Brief bringt meine Auffassung zum Ausdruck, dass mit den Pfuschereien bei der Druckgestaltung Schluss gemacht werden muss.

Ich bin mir sehr deutlich bewusst, dass Form und Inhalt des Briefes (den ich Ihnen im Anhang vorlege) Ihnen nicht gefallen können. Nun, jeder tut seine Pflicht, und so ich die meine.

Ich meine anthroposophisch richtig zu handeln, indem ich Ihnen die Korrespondenz mit dem Verlage unterbreite. Ich

möchte Ihnen auch das eventuell noch Nachkommende vorlegen, falls Sie es mir nicht ausdrücklich verbieten.

Ihren Widenmann – herzlichen Dank! – habe ich mit Genuss
und aufrichtiger Sympathie gelesen. – Es ist vielleicht noch nicht
der Moment, um auszuplaudern, dass im Grunde der gelösten
Reinkarnationsfrage eine überraschend einfache und absolut
einsichtige Deutung – von GOETHE her! – in Aussicht steht:
Ich *bin* nicht einfach mein Leib, ich *wohne* in meinem Leibe, als
im „Tempel Gottes". Die Angaben des Buches THEOSOPHIE,
wonach z. B. die physische Gestalt Friedrich Schillers (der
„Schillerkopf"!!) eine Wiederverkörperung der „menschlichen
Gattungswesenheit" ist, sind ernstlicher Goetheanismus des
20. Jahrhunderts. In Summa: „DER MENSCH", ein physischer
Körper *als Geist* (die „menschliche Gattungswesenheit") schafft
sich unendliche „Wiederverkörperungen", z. B. den physischen
Körper Schillers, und in diesen Wiederverkörperungen „des"
MENSCHEN *wohnen* als Seelen-Geister die Menschenbrüder
„des" Menschen. – Es ist stark leichtfertig, wenn Poppelbaum
– in „Goethe in unserer Zeit" – die Sache so darstellt, als ob so
einfach jeder Huber und Meier sich als sein eigener Schöpfer
seinen physischen Leib erbaut. –

Mit meinem Marginale betr. Schröer habe ich bös daneben
getappt, ich bitte um Nachsicht; ich will mir bei Gelegenheit
die Sache in Muße noch einmal besehen.

Im Hinblick auf die Anlagen: Es liegt mir sehr daran, dass *Sie*
mir guten Willen und reine Absicht konzedieren.

Mit besten Grüßen

Ihr

Brief an Erich Brock

LAMONE, 1. Juli 1953

Sehr geehrter Herr Dr. Brock,

Fassen Sie es bitte als eine Art Notwehr auf, wenn ich Ihnen hier ein persönliches Urteil verrate – im Hinblick auf die Möglichkeit, dass vor Ihren Rezensentenaugen das Buch von Dr. H. E. Lauer „Die zwölf Sinne des Menschen" Basel 1953 auftreten kann: L. hat nicht den leisesten Schimmer einer Ahnung von der Sache, mit der sich sein Buch befasst. Es ist echte Tragödie.

Apropos: Der Philosophengott d e n k t. Denkend ist er, oder der Philosoph, der souveräne Herr. Dieser Denkgott lernt ein Neues dazu: Er ist in seiner *Sinneswahrnehmung* das in sich selbst gegründete Wesen, außer dem nichts ist. In der Sinneswahrnehmung richtet sich Gott (d. h. die Welt) auf sich selbst. *D a s* – und nichts sonst – ist die Möglichkeit der Anthroposophie Rudolf Steiners. Lauers Buch beweist mit Hilfe des *Philosophen* Steiner von *1890* (Anthroposophie *beginnt* 1902!) die *Unmöglichkeit* dieses Problems „Anthroposophie".

Ihr

Notizblatt, 2. Juli 1953.

aus besonderem Anlass: Die Anthroposophen haben nicht den leisesten Schimmer einer Ahnung von den Problemen Rudolf Steiners; ihre Existenzialität ist katholisch, d. h. sie sind der Ansicht, R. ST. sei gekommen um ihnen zu bestätigen, dass sie schon immer nette Kerle waren …

Daher das Gravitieren der katholischen Diaspora nach D. – Aus einem Bericht über die kürzliche Paracelsus-Tagung in Basel:

„… da trat nun also der Parapsychologe Hochwürden Prof. Dr. Frei vor und sagte im Verlauf seiner Ausführungen expressis verbis das Folgende: Die Herren Hans Urs von Balthasar, sowie Romano Guardini (und noch einer, dessen Namen ich vergessen habe, und der in Zürich Redaktor für ein katholisches Informationsblatt ist) haben bereits einigemale darauf hingewiesen, dass die Stunde geschlagen hat, da man mit der Anthroposophie in Fühlung zu treten hat … Mein Tischnachbar zur Rechten, ein junger Katholik, sagte mir dann, es hätten bereits in Dornach zwischen Vertretern der Anthroposophie und katholischer Kreise 'vorbereitende Besprechungen' stattgefunden."

Erbsüchtige wären zu warnen. Das könnte eine beschwerliche Erbschaft werden. – Gogarten sagte mir (in München 1921): Wenn Geisteswissenschaft wahr sein sollte, so müsste Steiner Gott sein. Das war jedenfalls *nicht* katholisch. Ich antwortete G.: Wenn ich wüsste, was „Mensch" ist, so würde der Name „Gott" stark uninteressant. – Neben Gogarten kommen mir die spiritistischen Hochwürden in Dornach vor wie die schwarzkuttigen Astlochgucker im Simplizissimus. – […]

Brief an Erich Brock

LAMONE, 27. Juli 1953

Sehr geehrter Herr Dr. Brock!

Hegels Wort „F r e i h e i t s g e s i n d e l" (TAT Nr. 201)

erzeugte in Lamone Rührung und Dank. Es entspricht dem frommen Pack (Freiheitsgesindel), sich zu begeilen an der Vorstellung, dass es oberhalb des ach so bescheidenen Menschen eine geistige Welt samt „Hierarchien" gibt. Dionysius Areopagita würde Augen machen, wenn er erführe, dass im Jahre 1900 aus seinen neun oder zwölf Hierarchien Rudolf Steiners zwölf Sinne geworden sind (wörtlich zu nehmen). – Hätte ST. seine Sinneslehre nicht im Stile etwa Wundts darstellen können? Es gab Gründe, die Sache anders aufzuziehen, wie es auch für Hegel Gründe gab, „konservativ" zu sein. Wenn STs. Sinneslehre die Lehre von der Erschaffung der Welt mittels 12 Tätigkeitsquellen ist, so brauchte ein Dr. Komparativ (lau, lauer, am lausigsten) davon keine Notiz zu nehmen. Dr. Lauers Gesindelfreiheit besteht darin, auf der bekannten akademischen Linie weiterhin über das „Problem der Sinneswahrnehmung" zu pläuderlen, auf der schon immer über Lockesche und andere Sinneswahrnehmung dahergeplaudert wird. Es ist eine Tragödie, dass R. ST. sich dem Freiheitsgesindel ausliefern wollte.

Ihr

Wiederverkörperung heißt zuerst: Wiederverkörperns
der WELT — bei den Theologen ~~heißt das Entsprechende~~
Spricht man statt dessen von Welt-Wörtern,
wobei das Mürliche ist, daß ~~sich~~ die Theologen
~~unter~~ mit Wörtern ein spectaculum irrationale
meinen.

Wiederverkörperung heißt zuerst: Wiederverkörperung der WELT – bei den Theologen spricht man statt dessen von Welt-*Schöpfung*, wobei das Missliche ist, dass die Theologen mit Schöpfung ein spectaculum irrationale meinen

Notizblatt, 5. Dezember 1953.

Im Anschluss an die (mich interessierende) Lektüre von
K. Barths Göttinger Vorlesung „Die Auferstehung der Toten"
hatte ich das Bedürfnis, den mir bisher nicht bekannten berühmten „Römerbrief" von K. Bth. zu besehen. – Mit Erstau-
nen stellte ich (in der 20.–21. Aufl.) fest, dass es im Register
den Begriff „Anthroposophie" gibt.

Ich las die Bemerkung S. XIV (Vorwort zur 2. Aufl.) „… von
einem wahrhaft anthroposophischen Chaos von absoluten
Relativitäten und relativen Absolutheiten" zu meiner Über-
raschung mit ausgesprochener Sympathie. – Es wäre wirklich
schlimm gewesen, wenn Bth. damals 1918 auf den Zauber
hereingefallen wäre.

„absolute Relativitäten":

Das Buch „Wie erlangt man Erkenntnisse der höheren Welten?"
(der Untertitel „Eine Ethik" ist ausgelassen) beginnt mit dem
Satze: „Es schlummern in *jedem* Menschen Fähigkeiten, durch
die er sich Erkenntnisse über die höheren Welten erwerben
kann." Es gehören längere Sehübungen dazu, um es diesem Satze anzusehen, dass er den einzigen und souveränen SCHÖPFER
definiert, was aus dem von R. ST. auf gestellten BEGRIFF des
Schöpfers hervorgeht. Die Definition des Begriffes „Schöpfer"
lautet mit den Worten Rudolf Steiners: „Ein jegliches Wesen
entwickelt sich vom Geschöpf zum Schöpfer." (Zyklus 7, 9, 10).
Diese Definition enthält: Der Schöpfer, DER MENSCH (da
„der Mensch" einen Eigennamen tragen muss, nenne ich ihn
den Franz Kunz), der Franz Kunz *i s t* alle Wesen, und indem
er *w i r d* was er schon ist (= Schöpfung = „Entwicklung"),
entwickelt sich ein jegliches Wesen hin zu seinem Ursprung aus

dem Schöpfer. Die Relativität der sich entwickelnden Meier und Müller ist also als Abhängigkeit absolut. Meier und Müller sind mindestens punktuell substanziell identisch mit dem Wesen des Franz Kunz, einfach sofern sie „Mensch" sind. Die Meier und Müller sollen lernen, ihre Freiheit, das heißt ihre Sünde, wissend zu begreifen. Das geschieht in dem Augenblick, da sie einsichtig sagen: „Ich bin nicht 'ein Mensch', ich bin ein Franz Kunz". (Ich meinte, ich sei ich, aber: ich bin ein Anderer.) Der Franz Kunz lässt „Ich", der Einer und einzig ist, als Viele zu, – indem er sich totschlägt, um die andern leben zu lassen.

„relative Absolutheiten":

Wo Schatten ist, muss irgendwo auch wirkendes Licht sein. Dem Bultmann-Schatten geht das Licht voran, das in dem in Basel am 24. September 1912 (Zyklus 24, 10, 20, über das Markus-Evangelium) von R. ST. gesprochenen Satze gegeben ist: „Denn der Schlüssel zum Verständnis dieses Mysteriums von Golgatha ist das Mysterium von Golgatha *s e l b e r.*" Ich werde wohl lange zögern, bis ich diesen Satz *ernst* nehme. Nehme ich ihn ernst, so hat er die „übergeschichtliche" Konsequenz: dass die Ursache für das geschichtliche Geschehen in Palästina zwischen den Jahren 1–33 in der Basler Gegenwart des Franz Kunz stattfindet. – Ein Glück, dass ich mit *dieser* Problemstellung über die „sterile und langweilige" Bultmann-Trölerei hinauskomme. – Die „Absolutheit des Christentums" ist relativ zum Franz Kunz.

Notizblatt, 6. Dezember 1953.

Anlässlich des Studiums von:

„Die Auferstehung der Toten" (Göttingen 1923)

Selbst in diesem momentan stattfindenden Zeitalter der *Restauration* gravitiert die „kirchliche" Theologie mehr nach Bultmann als in anderer Richtung, – die „Kirche" fällt weiterum mit dem Beweise zusammen, dass man Christ sei – ohne die leibliche Auferstehung zu glauben.

Wie sich Tante Lieschen die „Wiederverkörperung" vorstellt. (Ich beziehe mich auf Äußerungen des Lic. Emil Bock, Oberlenkers der Rittelmeyerschen „Christengemeinschaft".) Etwa so, dass ein ausgewachsener Lizenziat der Theologie den folgenden Bocksgesang ertönen lässt: „Wie Goethe in der einzelnen Pflanze die Urpflanze wahrnahm, so nimmt das denkerisch klare Geisterkennen im irdisch-verkörperten sterblichen Menschen die unsterbliche Individualität wahr, die von Erdenleben zu Erdenleben schreitet. – Methodisch musste sich Rudolf Steiner (solche Lizenziaten und Böcke wissen immer im voraus, was R. ST. „musste") der Wiederverkörperungsgedanke angesichts des Menschenreiches ergeben, so wie sich Goethe der Gedanke der Urpflanze an der Metamorphose dem Pflanzenreich gegenüber ergab." (Zeitschrift „Die Drei" Jahrg. 8, S. 344) – Ich meine, solch ein Gärtner und Bock sollte sich durch „denkerisch klares Geisterkennen" zu der nützlichen Einsicht verhelfen, dass er ein alberner – Schwindler ist.

Der geisteswissenschaftliche Begriff der „Wiederverkörperung des Geistes" ist die schonende Umschreibung für das Tun und Können des SCHÖPFERS. Ein „Toter" (der Franz Kunz)

erinnert sich, wie sein KÖRPER geworden ist – und dieser
Akt der Erinnerung *ist* die Schöpfung des abgeschlossenen
Weltvorganges. (Man sollte sich aufraffen, den Akt der Erinnerung – überhaupt – als *produktiven* Vorgang zu sehen: Wenn
Rodin sich erinnert, wer er ist, so besteht seine Erinnerung darin, dass er seine nächste Plastik schafft. – Vom Gesichtspunkte
heutiger Biologie, Physiologie und Psychophysiologie ist es
höherer Quatsch, unter dem Subjekte des Gedächtnisses und
der Selbstbewegung des Menschenkörpers nicht die menschliche „Gattung" (also den Franz Kunz) zu verstehen.)

Nach dem Buche „Theosophie" (1904) ist die physische Gestalt
Schillers – mit ihrem charakteristischen „Schillerkopf" – eine
„Wiederverkörperung der menschlichen Gattungswesenheit"
(also des Franz Kunz). Darin wohnt die ewige Individualität
Schillers. Der Franz Kunz hat ein Eigeninteresse daran, dass
der „Geistesmensch" Schillers (nicht etwa die „Seele" Schillers)
eine relativ selbständige Potenz und Existenz hat.

Kraft Schönheit der edlen philosophia perennis wird getünt:
die famose „Seele" (der Meier und Müller) sei FORMA
CORPORIS, obschon heute sogar die akademische Physiologie
fordern muss, dass das Subjekt des Gedächtnisses und der
Selbstbewegung der Franz Kunz sein müsse. Dem entgegen
kann kraft Geisteswissenschaft gewusst werden, dass an die
Stelle der museumsschönen „forma corporis" – der Meier
und Müller – der Begriff „KEIM für die nächste Inkarnation"
zu treten hat.

Forma corporis oder KEIM? (N. B. die Forma corporis – das
wird doch wohl der Franz Kunz sein müssen, der sich mit Haut
und Knochen im GEIST aufgelöst hat!)

Aus dem Kapitel „Skizzenhaft dargestellter Ausblick auf eine Anthroposophie" in dem Buche „Die Rätsel der Philosophie" (1914):

„… Man kann den geistig-seelischen Menschen nicht erleben, ohne zugleich durch das Erlebnis zu wissen, dass in diesem Menschen etwas enthalten ist, was sich zu einem neuen physischen Menschen gestalten will. Zu einem solchen, der durch sein Erleben in dem physischen Leibe sich Kräfte gesammelt hat, die nicht in diesem gegenwärtigen physischen Leibe zum Ausleben kommen können. Dieser gegenwärtige physische Leib hat wohl der Seele die Möglichkeit gegeben, Erlebnisse im Zusammenhang mit der Außenwelt zu haben, welche den geistig-seelischen Menschen anders machen als er war, da er das Leben *in* diesem physischen Leibe angetreten hat; doch ist dieser Leib gewissermaßen zu bestimmt gestaltet, als dass der geistig-seelische Mensch ihn nach den in ihm gemachten Erlebnissen umformen könnte. So steckt in dem Menschen ein geistig-seelisches Wesen, das die Anlage zu einem neuen Menschen enthält." Unmittelbar vor diesen Sätzen: „Erlebt die Seele ihr geistiges Wesen, dann erkennt sie auch, dass sie in einem gewissen Verhältnisse zum Leibe steht. Der Leib erscheint einerseits wie eine Ablösung von dem seelisch-geistigen Wesen, etwa so, dass man den Vergleich wagen kann mit der Schneckenschale, die sich, die Schnecke umhüllend, wie ein Abbild aus ihr ergibt. Anderseits erscheint das Geistig-Seelische im Leibe wie die Summe von Kräften in der Pflanze, welche, nachdem die Pflanze sich entfaltet hat, nachdem sie ihre Entwickelung durch Blätter und Blüte vollendet hat, sich in dem Keime zusammendrängen, um die Anlage zu einer neuen Pflanze zu bilden."

Tante Lieschen, die über „die Auferstehung der Toten" nicht mehr nachzudenken braucht, seit sie für die „Wiederverkörperung" schwärmt, nimmt die „wiederholten Erdenleben" naiv für einen Vorzug, sie ahnt nicht, dass sie einen Mangel bedeuten könnten, – angesichts des in *einem* Dasein fertigen Franz Kunz.

Notizblatt, 22. Dezember 1953.

Wiederverkörperung (Reinkarnation)

gibt es, wenn der Franz Kunz sie jetzt in der Gegenwart erschafft. Dass es im Orient und bei europäischen Liebhabern die „Idee" der Wiederverkörperung gab und gibt, davon wird die Wirklichkeit so wenig berührt wie von anderen Wunschträumen.

(Den werten Mitanthroposophen als Akademikern (Biologen, Theologen) ist die Wiederverkörperung ein Vorgang der „natürlichen Lebensordnung", das ist der gleiche Stil, nach dem der katholische Metaphysiker von der „natürlichen Unsterblichkeit" der „Seele" daherredet. – Der „Goetheanist" und akademische Biologe (im Prof.-Portmann-Stil) Dr. Poppelbaum (Dornach) versteht das Dasein eines Müller als die (Selbst-) „Metamorphose" eines früheren Daseins Müllers, was unwahrscheinlich dumm ist. – Der Christengemeinschaftspriester und ebenfalls Schwachstromanthroposoph A. Pauli (München) schreibt (in: Auferstehung im Lichte heutigen Denkens, 1950, S. 51): „Aber der wiederverkörperte Mensch ist nicht etwa der mit Christus auferstandene Mensch. Wiederverkörperung ist, wenn sie ist, eine von Anfang an bestehende natürliche Lebensordnung, die nicht erst durch Christus in die Welt kommt." Grauenhafte Schwachstrom-Confusion!)

Das anspruchsvolle Thema der W. verlangt anspruchsvolle Rezensenten.

Die Wiederverkörperung (im Sinne des Buches „Theosophie", 1904) setzt die leibliche Auferstehung des inmitten der Geschichte gekreuzigten Jesus Christus *voraus*. Die im rechtschaffen theologischen Sinne leibliche Auferstehung des Christus Jesus bedeutet: Der Tod (Ein Toter, der Franz Kunz) ist der Schöpfer. Das Thema „Wiederverkörperung des GEISTES" (des Schöpfers) definiert den Schöpfer selbst, der seine Geschöpfe ist. Nun sind die Meier und Müller ihrem innersten Wesenskerne nach: mit dem Franz Kunz consubstanzielle GEISTER. Der Franz Kunz hat ein Interesse an der Selbständigkeit dieser Geister. Denn die Meier-Müller-Geister könnten den Gott nicht lieben, wenn sie ihm nicht *gegenüber* stehen könnten. – In der Weltentwicklung (als der Handlung des Schöpfers) ist der Weg der Meier-Müller-Geister, die sich reinkarnieren, verschieden von dem Weg der Entwicklung der Menschen-FORM.

Notizblatt, LAMONE, *16. Februar 1954.*

Im Jahre 1924 wurde H a e c k e l s Biogenetisches Grundge-
setz durch ein bedeutendes Denkmal geehrt: mit der Lehre
von den „ätherischen Bildekräften", die der Schöpfer der
Anthroposophie per Dr. Wachsmuth publik machte. Rudolf
Steiners Ätherlehre als kosmologische Entwicklungslehre basiert
entscheidend auf dem Biogenetischen Gesetz. Wenn von einer
„Vertiefung" gesprochen werden soll, die R. ST. Haeckel zuteil
werden ließ, so besteht diese in der Art der Übernahme des
Biogenetischen Grundgesetzes durch den *Theosophen* Rudolf
Steiner. Auf Seite 42 bei Wachsmuth (1. Aufl.) tritt erstmals
die *gedankliche Begründung* des Haeckelschen Gesetzes auf.
Die „Vertiefung" besteht in einer Korrektur der Haeckelschen
Ansicht vom „Stamm". Die Korrektur erfolgt, weil R. ST.
noch konsequenter als Haeckel vom Tatsächlichen und Bekannten ausgeht, und dieses nicht überschreitet. Haeckels
„Stamm" ist kein unmittelbar Bekanntes, sondern doch nur
ein hypothetisch Erschlossenes. Die Haeckelsche Gleichung
zwischen Phylogenese und Ontogenese enthält auf der einen
Seite eine Hypothese, und nur auf der anderen Seite ein unmit-
telbar Tatsächliches, ein physisches Individuum. Der Theosoph
R. ST. bildet die Gleichung zwischen Phylogenie und Ontogenie
nicht von einem problematischen „Stamm" her, sondern vom
„jetzt erzeugten" physischen Individuum aus. Wörtlich sagt
Rudolf Steiner (per Wachsmuth, S. 42): Das biogenetische
Grundgesetz „besagt, dass die Ontogenesis, das heißt die
Entwicklung eines jetzt erzeugten Naturgeschöpfes, sei es nun
Mensch, Tier oder Pflanze usw., vom Keim bis zum fertigen
Endglied, die kurze und rasche Wiederholung der Phylogenesis,
derjenigen Entwicklung nämlich ist, welche die ganze Art, der
dieses Geschöpf zugehört, im Verlaufe der Erdenevolution
durchgemacht hat." Ich auferlege mir die Pflicht, diese Worte

Rudolf Steiners genau zu lesen, sie enthalten das Entscheidende. Der Hinweis darauf, dass das Objekt der ontogenetischen Beobachtung ein „jetzt erzeugtes" Individuum ist, muss ganz ernst genommen werden.

Weit energischer noch als Haeckel erfüllt R. ST. die Forderung des Verharrens im Tatsächlichen und Bekannten. Wenn der Theosoph ausgeht – „jetzt" – von der „Erzeugung" etwa des Menschen (worunter man sich die Erschaffung des BEGRIFFES des Menschen vorzustellen hat, der allerdings, wenn er als Begriff erschöpfend sein soll, zugleich ein bestimmter physischer Mensch sein muss), so geht er von einem bekannten Tatsächlichen aus. Mit der Erschaffung dieses Tatsächlichen wird nun, da der vollendete BEGRIFF des Menschen dessen Werden mitenthält, die rasche Rekapitulation des kosmischen Werdens dieses physischen Individuums mitgeschaffen. Die theosophische Anschauung ergibt, dass die Relation Phylogenese–Ontogenese „als das Wesen im Leben eines einzelnen Menschen" (Vorwort vom 10. Jan. 1925 zur „Geheimwissenschaft") erkannt ist. Das Wesen „Stamm" und der „On" sind einunddasselbe Wesen: ein einzelner physischer Mensch. In dieser Erkenntnis besteht die „Vertiefung" Haeckels durch Anthroposophie, – sofern der Theosoph Rudolf Steiner aus nichts den BEGRIFF des Menschen erschafft. Wenn es nämlich den Begriff des Menschen überhaupt gibt, dann deshalb, weil er jetzt und hier geschaffen wird. Vom außertheosophischen Standpunkte hat durchaus Sartre recht, wenn er verkündet, dass es den Begriff des Menschen nicht gibt.

Die Relation Haeckel-Steiner will „mit heutigen Mitteln" bewertet sein.

Notizblatt, 3. März 1954.

„DIE ZEIT“, von Hedwig Conrad-Martius, Kösel-Verlag, München 1954.

Ich habe stets die Auffassung vertreten, dass philosophisch hoch-geschulte Katholiken die prädestinierten Anwärter für das Bemerken des Problems „Franz Kunz“ sind, und dass diesen hochqualifizierten Katholen gegenüber die anthroposophische „akademische Gruppenseele“ wie ein Klub von frommen Schwindlern erscheint. Ich finde mich in meiner stets vertretenen Auffassung bestätigt – in fast überwältigender Weise bestätigt – durch die Philosophin Conrad-Martius speziell auf den Seiten 257–286 ihres Buches.

O. Cullmann schustert zweckbedingte evangelische Geistespolitik, während Frau Martius die großen problemgeschichtlichen Aspekte – von Platon her – freilegt, die durch Heidegger (der mit seiner Abrogation der Ewigkeit den Atheismus fundiert) jesuitisch verdeckt und versimpelt wurden.

(S. 282: Buddha, der „Älteste“, – der „Zeitgenosse des Anfangs der Welt“ – –)

4 . 3 . 54

Buchtitel

Zeit $\overset{\text{gleich}}{=}$ Seele

Conrad S. 107.
Soll Timäus die Seele
bildet in den Körper
die Platon Sal
apriori

Der gekehrte Einstein ist irgendwie
soldrichtig: Es gibt weder Zeit noch
Raum, bevor nicht physische Körper vorhanden
sind.

Der gekehrte Einstein unterwandert erfolgreich
die Partie der Aprioristen   Platon - Erben
nicht Aufkommten werden Eigenschaft der objektiven Welt.

nicht „Zeitlichkeit" des exclusiv geschichtlichen
„Daseins" (Heidegger), sondern Zeitlichkeit
der WELT

        Einheit der Welt = Körper

d. Resultat der Seelenproben festellt : Seele = Körper
                Seele ein Prädikat des Körpers
                gegen Platons Timäus
                der Vater Tod

Zeit Thomas Gott kein Körper

4. 3. 1954

Buchtitel

Zeit = gleich Seele

Conrad S. 107
Timäus
Gott bildet die Seele
in den Körper
die Platon Seele
apriori

Der gescheite Einstein ist irgendwie goldrichtig: Es gibt weder
Zeit noch Raum, bevor nicht physische Körper vorhanden
sind.

Der gescheite Einstein unterwandert erfolgreich die Partei
der Aprioristen / Platon-Erben
nicht Anschauungsform sondern Eigenschaft der objektiven
Welt.

nicht „Zeitlichkeit" des exclusiv jesuitischen „Daseins"
(Heidegger), sondern Zeitlichkeit der WELT

Einheit der Welt = Körper
durch Einstein das Seelenproblem gestellt: Seele = Körper
Seele ein Prädikat des Körpers
gegen Platons Timäus
der Vater Tod
Zit. Thomas Gott kein Körper

Notizblatt, 5. März 1954

Nach der Lektüre von: „DIE ZEIT", von Hedwig Conrad-Martius (1954)

Der Weltenspießbürger Aristoteles gedachte mit der „Zeit" die „Bewegung" zu *messen*. Er halluzinierte die Zeit als ein *Maß*. Die Methode dieser Tölpelei hat sich bis heute durchgehalten: auch heute noch geben sich Liberaltröpfe das Amt, den Gott zu *messen*. Sie selbst, die liberalen Tröpfe, sind jetzt das Maß – als die kokette „Zeitlichkeit" ihrer lokalgeschichtlichen Existenz. Entmythologisiert, wie sie sind, erlauben die Liberaltröpfe dem Gott am Kreuz, das Symbol zu sein für die Offenbarungen, die sich originaliter im je eigensten Innern der liberalen Tröpfe ereignen. Die Bedeutsamkeit der existenziellen Eigenoffenbarung, die sich die Tröpfe verabreichen, ist das Maß, mit dem der Gott *gemessen* wird.

Die von Aristoteles gemeinte „Bewegung" ist die genialste Riesendummheit der zur Wahrheit hin irrenden Menschheit. Die „Bewegung" soll der Übergang sein von der Möglichkeit zur Wirklichkeit. Der unvergleichlich tröstliche Friedrich Albert Lange hat in seiner Geschichte des Materialismus endgültig verbindlich gezeigt (obschon er nicht einmal Theologe war), dass es in der Gottheit „Natur" nur pure Wirklichkeit gibt, und dass die vorgebliche „Möglichkeit" nur ein tölpelig von den Menschentröpfen unverbindlich hinzugedachter „bloßer Gedanke" ist. – Die Welt-Bewegung, das Welt-*Geschehen*, ist keine aristotelische „Verwirklichung", sondern ist das Selbst-Geschehen des pur wirklichen Gottes MENSCHENKÖRPER, indem er wird, was er schon ist. Es ist nur ein frommes Vorurteil, dass der Gegenstand der Physik, nämlich der absolut transzendente „Franz Kunz" als Sein und

Werden, nicht e w i g e s physisches Geschehen sein könne. Ewigkeit des Geschehens des Franz Kunz heißt eben, dass in ihm das Zeitverhältnis des sich-Deckens von Weltanfang und Weltende ewige Gegenwart ist.

Die als „fließender Strom" oder als katholische „Seinsbewegung" vorgestellte „Zeit" ist in Wahrheit das V e r h ä l t n i s zwischen Welt-Ende und Welt-Anfang, und ist als dieses Verhältnis eine F O R M , und nicht ein „Maß". Die Zeit als Form ist Gott selbst. Die reale Zeit ist die angeschaute FORM des Gottes MENSCHENKÖRPER als forma mundi. Angeschaut wird in der Menschen-Form das Coinzidenzverhältnis von Weltanfang und Weltende: als die gegenwärtige Ewigkeit des Vaters Franz Kunz. – Wo gibt es die Zeit als „Form", also Gottes eigene Zeit? In den *Leichnamen* der Tölpelmenschen ist der Franz Kunz die wirkliche Zeit; die Leichname der Menschen als reine Form können nicht mehr irren! Die Leichname der Pluralmenschen – das ist je der Franz Kunz selbst als anschauliche Gottes-Zeit. Die Zeit als Form am Kreuz von Golgatha ist Gottes-Zeit in dem besonderen und ausgezeichneten Sinne, dass hier der Tod die Realmöglichkeit eines *Könnens* des Franz Kunz ist; der Auferstandene ist ein Können des *ewigen* Physischen Menschen-Leibes, des Vaters TOD.

Nun möge also Aristoteles seinen Leichnam als „die Zeit" ergreifen, und damit die „Bewegung" des Franz Kunz „messen" – – –

(Die Meier, Müller, Huber, Aristoteles etc. sind solange nur als Leichname *Wirklichkeit*, als ihnen der Franz Kunz nicht eine SEELE erschafft, – indem er Sein ICH opfert (tötet), damit

es vielzahlig je *selbständig* in den Pluralmenschen *werden*
(auferstehen) kann.)

∗

Die entscheidende Ecke am Problemgehalt des Buches „DIE
ZEIT" von Hedwig Conrad-Martius kommt zum Ausdruck
im Verhältnis der Verfasserin zum Exjesuiten Heidegger. „Sein
und Zeit" anvisierend, meint die Philosophin: „Zeitliches
Dasein *ist* eben ein Sein 'zwischen Anfang und Ende'." Das
gelte aber nicht nur von der Seinsweise des *Menschen*, sondern
für die Seinsweise des ganzen physischen Weltalls. Dies sei
der entscheidende Gegensatz Ihrer eigenen Zeitkonzeption zu
Heideggers „damaligen" Bestimmungen. Nach dem „Existen-
zialismus" besäße nur der Mensch ein zeitliches Dasein im
echten und originären Sinne, die Seinsweise der übrigen
Welt werde als bloße „Vorhandenheit" gewertet. „Heidegger
ist in Beziehung auf das menschliche Dasein zu einer echten
Zeitlichkeit wieder durchgebrochen (????). Die Welt hingegen
beließ er, was ihre Zeitlichkeit betrifft, im transzendental
'räumlichen' Rahmen. Es ist jedoch unmöglich, unter einem
solchen transzendental räumlichen Zeitaspekt zu einem echten
Verständnis der Welt und Natur zu gelangen. Welt und Natur
bleiben unter diesem Aspekt verkürzt, nivelliert, verfälscht. In
Wirklichkeit ist nicht nur die Seinsweise des Menschen, sondern
die der ganzen empirischen Welt eine im echten Sinne *zeitlich*
zeitliche." Ich teile natürlich den Optimismus der Philosophin
nicht: Heidegger könne durch ungebrochen traditionsschöne
ontologische Metaphysik saniert werden. Dem Franz Kunz handelt es sich, bevor das „Verständnis der Welt und Natur" zum
Zuge kommen kann, darum: die Welt und die Natur zu *s e i n* .
Ist somit der „katholische" Standort der Philosophin ungeeignet, das Zeitproblem zu konstituieren, so ist anderseits ihr Aus-

blick auf eine *zyklische* „Raumzeitbewegung" hochbedeutsam, und der Rekurs auf halbmythische alte Konzeptionen einer äonischen Zeit ein hoffnungsreicher Gegenzug gegen die modische „Entmythologisierung".

Der Ansatz Heideggers, der einzig dem MENSCHEN die Zeitlichkeit zuerteilt, ist natürlich dennoch unrevozierbar richtig, aber dies aus einem Grunde, der von der Schwarzwald-Lyrik nicht gesehen werden kann: Als Galilei und Newton mit „Bewegung", „Geschwindigkeit" und „Zeit" hantierten, da hatten sie ganz vergessen, dass DER TOD – als der Franz Kunz – der Schöpfer des physischen Universums und das physische Universum selbst ist. Newton hantierte mit „Gravitation" – und hatte ganz vergessen, dass es sich bei der „Gravitation" um die persönliche Modellierkunst handelt, mit welcher der Franz Kunz seinen vorher in Geist aufgelösten Physischen Körper aus Geist neu fo r mt . In diesem Formen aus dem Geiste liegt die Möglichkeit von „Seele" beschlossen. Der Franz Kunz bedarf keiner Seele, er ist sowieso purer Geist. Aber die Tölpelmenschen bedürfen der Seele. Außer Platon hatten alle übrigen vergessen, dass „Seele" nur ein Prädikat der WELT sein kann. Aristoteles meinte, die Seele sei ein Bestandteil an jedem beliebigen natürlichen Einzelmenschen, analog wie der Henkel ein Bestandteil des Milchtopfes ist. Wenn in der Bibel die Seele ein Prädikat des Leibes ist, so hat man es dort wenigstens nicht mit einer aristoteleskatholischen „Seele" zu tun. Seele, so denke ich, gibt es, wenn sie jetzt und hier von dem Franz Kunz den Tölpelmenschen an-erschaffen wird. Allerdings ist „Seele" zuerst die WELT – als der in Geist aufgelöste physische Franz Kunz –, bevor sie in den Tölpelmenschen aus der Christuskraft werdendes „Ich" sein kann. Platon war einfach der bessere Physiker als Galilei und Newton, denn Galilei und Newton, obschon sie doch ohne Zweifel wussten, dass es „Zeit" nur als

„*die Welt von innen her*" geben kann, vergaßen einfach, die Welt-Zeit als SEELE zu identifizieren. Nur Platon hatte eine dunkle Erinnerung daran, dass der Franz Kunz im 20. Jahrhundert die Welt (und dann die Tölpelmenschen) als SEELE erschafft. Die Relativitäts-Physik im Zeichen Ahasvers, der die Kunst des Sterbens am Franz Kunz zu studieren hätte, vermag heute keinen Scheiterhaufen der Kirche zu entzünden; zu Galileis Zeit hatte die Kirche noch bessere Instinkte.

Zeit und Seele sind zwei verschiedene Namen für die gleiche Sache, und ein erlöster berühmter Buchtitel hätte zu lauten: „Tod und Zeit". – Der gescheite Ahasver Einstein hat die Galilei-Suppe neu aufgekocht und einen Originalzusatz hineingegeben: die Welt findet nicht „in der Zeit" und „im Raum" statt, es müssen schon gravitierende Massen da sein, bevor es Zeit und Raum geben kann. Dazu ein Apropos: Die Haeckelsche Phylogenese ist nicht etwa Entwicklung „in der Zeit"; die anschauliche FORM-WANDLUNG – im Zuge der Rückkehr des fertigen Menschen zu sich *ist* selbst die Zeit, nämlich *FORM* als Gottes eigene Zeit. Die zahllosen Tier-Formen sind anschaulich die Verschiedenheit der *Geschwindigkeit* beim Zurücklaufen des fertigen Endes der Entwicklung – von ihrem Anfange her – zu sich. Beim Franz Kunz, der in jedem Momente der wird, der er ist, ist die Geschwindigkeit *absolut*: dimensionslose Ewigkeit.

Die Welt feiert heute Albert *Einsteins* 75. Geburtstag. Sein Jugendbildnis im Alter von 17 Jahren (in der heutigen „TAT") zeigt ganz und gar einen Aarauer Kantonsschüler, der zu den Professoren Mühlberg, Tuchschmid, Ganter und Gessner ein respektvolles und ein wenig ironisches Verhältnis hat. – Einstein ist der heutigen Welt Autorität in Bezug auf das physikalische Bewegungsproblem.

Ich frage: Warum bewegen sich die Menschen? Weil der Gattungsmensch (den ich, um einen Namen zu haben, den Franz Kunz nennen will) *spricht*! Also weil der Franz Kunz spricht, gibt es die physikalische, räumlich-zeitliche Bewegung der physikalischen Körper und unter diesen der Menschen. Einstein behandelt das Bewegungsproblem im Stil von Newton und Galilei, die noch keine Vorstellungen darüber hatten, dass der Physische Menschenkörper Gott ist, und dass die menschliche Gattung, der Franz Kunz, der WELTALL ist. Das *Sprechen* des Franz Kunz – als die am meisten *geistige* physikalische Bewegung – ist die Ursache der Bewegungen der Planeten und der Sonne wie die Ursache der Muskelbewegungen der Menschen. Die scheinbare *Selbst*-Bewegung der Einzelmenschen ist in Wahrheit die Selbstbewegung des Franz Kunz, der als das Einige kosmische Selbst *sich* bewegt, und der, weil er die einzelnen Menschenindividuen *ist*, in ihnen der wahre Selbst-Beweger ist.

Notizblatt, 18. März 1954.

Der Franz Kunz im BEKENNTNISGEBET der „Christengemeinschaft“.

Ein allmächtiges geistig-physisches Gotteswesen ist der Daseinsgrund der Himmel und der Erde, das väterlich seinen Geschöpfen vorangeht.

Christus, durch den die Menschen die Wiederbelebung des ersterbenden Erdendaseins erlangen, ist zu diesem Gotteswesen wie der in Ewigkeit geborene Sohn.

In Jesus trat der Christus als Mensch in die Erdenwelt.

Jesu Geburt auf Erden ist eine Wirkung des Heiligen Geistes, der, um die Sündenkrankheit an dem Leiblichen der Menschheit geistig zu heilen, den Sohn der Maria zur Hülle des Christus bereitete.

Der Christus Jesus hat unter Pontius Pilatus den Kreuzestod erlitten und ist in das Grab der Erde versenkt worden.

Im Tode wurde er der Beistand der verstorbenen Seelen, die ihr göttliches Sein verloren hatten.

Dann überwand er den Tod nach dreien Tagen.

Er ist seit dieser Zeit der Herr der Himmelskräfte auf Erden und lebt als der Vollführer der väterlichen Taten des Weltengrundes.

Er wird sich dereinst vereinen zum Weltenfortgang mit denen, die er durch ihr Verhalten dem Tode der Materie entreißen kann.

Durch ihn kann der heilende Geist wirken.

Gemeinschaften, deren Glieder den Christus in sich fühlen, dürfen sich vereinigt fühlen in einer Kirche, der alle angehören, die die heilbringende Macht des Christus empfinden.

Sie dürfen hoffen auf die Überwindung der Sündenkrankheit, auf das Fortbestehen des Menschenwesens und auf ein Erhalten ihres für die Ewigkeit bestimmten Lebens.

Ja, so ist es!

Aus der Literatur der Christengemeinschaft:

„… Als Bezeichnung ist darum nicht „Bekenntnis", sondern „Bekenntnisgebet" gewählt. Seinen (Ihren!) kultischen Ausdruck findet diese Bekenntnisfreiheit innerhalb des Gottesdienstes darin, dass die Stola, die Kreuzbinde – ein über der Brust gekreuzter Gewandstreifen, der als eigentliches Zeichen der Priesterwürde angelegt wird – , während dieses Teils der Weihehandlung abgelegt wird. Der Priester spricht diese Worte nicht als Mund der Gemeinde, sondern weil er persönlich diese Wahrheiten anzuerkennen vermag. In ganz freier Weise können sich die Mitfeiernden zu diesen Sätzen einstellen. Selbst die Priesterweihe ist nicht von einer „Verpflichtung" auf das Credo abhängig."

(vermutlich bemerken die Herren die Ironie des Franz Kunz
nicht, der sie das Symbol der Priesterwürde beim Credo ab-
legen lässt.)

Entwurf zur Fußnote S. 44

Anmerkung während der Drucklegung. Mit höchster Achtung
nenne ich hier das Werk von Hedwig Conrad-Martius: „Die
Zeit", Verlag Kösel München 1954. Wenn Heidegger die hohe
Ratio des Zeitproblems (Timäus!) jesuitisch versimpelt hatte,
wobei er mit der Abschaffung der Ewigkeit den Atheismus
fundierte, geht es der Philosophin Conrad-Martius durchaus
darum, wenn auch mit *veralteten* Mitteln, dem Problem der
Dialektik von Ewigkeit und Zeit seine Würde zurückzuerobern;
die Philosophin zeigt die problemgeschichtlichen Aspekte, die
durch die Heidegger-Mode der letzten Jahrzehnte verdeckt
wurden. „Das ganze Schöpfungsbild hat sich verschoben"
S. 273!

Brief an Erich Brock

LAMONE, 20. April 1954

Sehr geehrter Herr Brock!

Von dem beiliegenden Schriftchen „Elf Briefe über Wiederverkörperung" erhielt ich vom Drucker zu Ostern einige Voraus-Exemplare; ich hatte die Absicht, Ihnen eines davon zu senden. –

Bei R. Avenarius ist hochinteressant und bedeutsam seine Definition des *Gegenstandes der Psychologie.* Meine warme Sympathie für Avenarius gilt dem Redlichen, der mit dem abendländischchristlichen Schwindel aufräumte, indem er die famose „Seele" als Truffa entlarvte. Zum Kennenlernen des Züricher Philosophen eignet sich vorzüglich die Abhandlung „Bemerkungen zum Begriff des Gegenstandes der Psychologie" (abgedruckt in der Vierteljahresschrift für wissenschaftliche Philosophie Bd. XVIII (1894) und Bd. XIX (1895). Über den *Nicht* -Gegenstand der Psychologie sagt A.: „Gegenstand der Psychologie ist *nicht* irgendwelches 'Psychische' im Sinne einer dualistisch-*besonderen* Wesenheit, einer der einen Seite des 'Seienden' mindestens begrifflich entgegengesetzten *anderen Seite* desselben, oder nur im Sinne einer von der übrigen Erfahrung wohl unterscheidbaren *eigenen* Art Erfahrung. Alles das, was der metaphysische Dualismus als eine solche besondere, eigenartige, selbständige oder nur zuständliche 'Entität des Psychischen' festzustellen sucht, zerfließt bei kritischer Berührung in ein Nichts – als eitel Truggebilde der Introjection." Was A. unter der berühmten „Introjektion" versteht, will ich in *meiner* Sprache sagen: Es ist die für A. bestehende unvermeidliche Nötigung der Annahme, dass

117

„Mensch" nicht EINER ist, und auch „Ich" nicht EINER. Es gibt außer mir andere Menschen, und somit eine Vielzahl von Welt-Stellen, an denen „Erfahrung" geschieht. Nun beruht die Truffa „Seele" auf dem Folgenden: Für mich selbst besteht innerhalb dessen, was A. mit „Erfahrung" meint, keine Veranlassung zu einem Dualismus „Physisches-Psychiches". Dieser Dualismus ist eine schlechte Erfindung: er ist die fatale Folge davon, dass es außer mir andere gibt, Menschen wie ich. In den Andern ist „Erfahrung", von mir aus gesehen, offenbar „im Innern" der Andern. Ergo gibt es Seelen, und die Welt hat die Ehre, in den Seelen „die Welt als Vorstellung" zu sein. Avenarius sieht die Notwendigkeit, dass diese „Introjektion" rückgängig gemacht werden muss. Er proklamierte als den „Gegenstand der Psychologie" eigentlich die Welt selbst in ihrer Seinsform als „Erfahrung", Erfahrung *als abhängig von dem Individuum, in bezug auf welches sie Erfahrung ist*". –

Ich leiste mir nun in meiner Eigenschaft als terrible simpli-ficateur die robuste Naivität, zu fordern, es müsse an Rudolf Steiner die Frage erprobt werden, wie DIE WELT als das Individuum beschaffen sein müsste, von dem abhängig sie sich als EINE und EINER selbst erfährt. Ich meine mich gerade von dem Züricher Philosophen in meiner Überzeugung ermuntern lassen zu dürfen, dass „Mensch" nur EINER sein kann, und dass man dann sehen muss, wie man die Plural-„Menschen" unterbringt. Die „Elf Briefe …" bewegen sich auf dieser Denklinie.

Von den großen philosophischen Aufsätzen in der NZZ habe ich den einen – über Probleme der griechischen Philosophie-Philologie – gelesen, er ist mir, da ich die NZZ nicht regelmäßig sehe, von einer freundlichen Bekannten zugesteckt worden; mit der Zusendung des andern Artikels würde ich mich natürlich sehr freuen. Ihre kürzlichen Äußerungen über den Ethiker Brentano empfand ich als zu schonend, dieser Brentano ist in meinem Hausgebrauch der „größte Schuft der Welt", der Inbegriff aller christlich-abendländischen Arroganz und der Inbegriff alles mir Konträren.

Mit den besten Grüßen

Ihr

Notizblatt, Lamone, 29. November 1954

Ich habe mir erlaubt, Herrn Professor [Viktor] von Weizsäcker meine Broschüre „Elf Briefe über Wiederverkörperung" (1954) zu senden, als Drucksache. Der Inhalt ist wilder Krampf, doch wäre eventuell einem Ertrinkenden die Erlaubnis zugute zu halten, Notschreie auszustoßen. Es handelt sich um private Briefe an einen mir persönlich von Hamburg her gut bekannten Mitanthroposophen, die nicht für die Öffentlichkeit gedacht waren. Den Grund zur Veröffentlichung bildete meine Ansicht, Dr. Poppelbaum habe die Ignorierung meiner Broschüre „Briefwechsel über die motorischen Nerven" zu weit getrieben. Ich habe den Dr. Poppelbaum, den ersten Adressaten in dem „Briefwechsel", äußerst schonend behandelt, ich habe verschwiegen, dass eine lobende Rezension der Schrift des Dr. Kienle („Grundfragen der Nervenphysiologie") durch Dr. Poppelbaum der Anlass war, dass ich mich mit Kienle befasste. Dr. Poppelbaums Urteil über Kienles Arbeit

– in der offiziellen Wochenzeitung „Goetheanum" – war:
„das bisher beste". Damit mein Akt der Schonung gegenüber
Dr. Poppelbaum nicht den Totalverlust eines investierten
Kapitals zu bedeuten brauchte, brachte ich – eben in den „Elf
Briefen" – mein Urteil über Poppelbaums Verständnis der
„Wiederverkörperung" zur Geltung, meiner Absicht nach
zur öffentlichen Geltung (siehe Schlusssatz dieses Blattes).
Dr. Poppelbaum ist den anthroposophischen Medizinern
eine Art Autorität in Naturphilosophie. Ich vermute, d. h. ich
glaube sicher zu wissen, dass es Dr. Poppelbaum war, der im
Zusammenhang mit dem Erscheinen der vierten Auflage von
„Der Gestaltkreis" (1948) das anthroposophische Nerventhema
aktualisierte – in der Gegend eines „Anthroposophisch-Medizinischen Jahrbuches", dessen erster Band 1949 erschien. Dort
schrieb Poppelbaum selbst einen – in meiner Broschüre nicht
ausdrücklich genannten – verständnislosen Aufsatz unter
dem Titel „Warum nannte Rudolf Steiner die sensorischen
und die motorischen Nerven wesensgleich?". Dieser Titel
enthält ein Programm und ist *hässlich* – in Anbetracht des
amtlichen Satzes „es gibt keine motorischen Nerven". R. ST.
selbst gab ihm die Chance zu dieser Hässlichkeit, denn in
dem auf breitere akademische Kreise ausgerichteten Buche
„Von Seelenrätseln" (1917) spricht er von der Wesensgleichheit
der beiden Nervenarten, weil er mit der wissenschaftlichen
Gemütsverfassung seiner Pappenheimer rechnete.

Die „Elf Briefe …" haben nicht die geringste Spur eines öffentlichen Echos erzeugt.

Ernst Haeckels Bildnis – heute (1954)

[Entwurf 1]

Dr. Hermann Poppelbaum, Dornach:

„Ernst Haeckels Bildnis – heute. Anlässlich seines 120. Geburtstages am 16. Februar" (in „DIE DREI", Anthroposophische Zeitschrift zur Erneuerung von Wissenschaft, Kunst und sozialem Leben, Herausgegeben von der Anthroposophischen Gesellschaft, Stuttgart, 24. Jahrg., Heft 1, Januar–Februar 1954).

Diese Dornacher Gedenkgabe zu Haeckels 120. Geburtstag entwirft „mit heutigen Mitteln" das Bildnis Ernst Haeckels, dessen Größe als Klassiker des Entwicklungsgedankens heute auch von seinen Gegnern anerkannt werde. Es wird nach dem Schema verfahren: Die von Haeckel erforschten Tatsachen zwingen nicht zu einer materialistischen Deutung derselben. Die geisteswissenschaftliche Evolutionstheorie hole ihre Erklärungsgründe so wenig wie der Anti-Theist Haeckel aus dem Übernatürlichen oder Überweltlichen. Dagegen sei die Geisteswissenschaft in der Lage, zu den von Haeckel gleichsam anonym gelassenen Tatsachen die Namen der geistigen Wesenheiten hinzuzufügen, „deren Werk die Entwicklung ist." Wäre ich geneigt, unter den „heutigen Mitteln", mit denen der Anthroposoph im Jahre 1954 das Bildnis Haeckels zu zeichnen hat, *anthroposophische Redensarten* zu verstehen, bei denen

sich Jedermann nach Belieben irgendetwas denken oder
auch nicht denken kann, so brauchte ich diese Abhandlung
nicht zu schreiben. Ich kann mir nicht zumuten, Redensarten
für *Gedanken* zu nehmen. Gemeinsam mit Dr. Poppelbaum
halte ich bei dem Haeckelbildnis von 1954 die Relation zum
„Bildnis" Rudolf Steiners für das Wesentliche, aber ich muss
mir herausnehmen, diese Relation für ein wirklich ernsthaftes
Thema zu halten.

Von der frommen Animosität gegen Haeckel, zu der sich
Anthroposophen sonst verpflichtet fühlen, ist in Poppelbaums
Aufsatz nichts zu bemerken. Er bemüht sich, Rudolf Steiners
Sympathien für Haeckel nachzufühlen; es gelingt ihm auf
diesem Wege, ein christelndes Anti-Haeckeltum zu vermeiden.
Ein Fortschritt! Sogar die These Rudolf Steiners, Haeckel
liefere elementare Theosophie, kann in dem Aufsatz des
Dornacher Biologen auftreten. Bedenklich (oder eigentlich
eine Herausforderung) ist, dass P. die Schrift Rudolf Steiners von
1900: „Haeckel und seine Gegner", als nichtexistent behandelt.
Ich kann mir diese Willkür nur durch die Annahme erklären,
dass es P. mehr auf die Erbauung einer Gemeinde, als auf die
gedankliche Diskussion des Verhältnisses Steiner–Haeckel
ankomme. Im Ganzes ist das Dornacher Haeckel-Gedenken die
Demonstration, dass man den möglichen Schritt von Haeckels
naturalistischem Monismus zu Steiners Schau der Entwicklung
des Menschen nur *behauptend, nicht aber gedanklich* plausibel
zu machen wünscht.

Ich vermisse unter den „heutigen Mitteln" in Poppelbaums
Bewertung Haeckels vor allem den Hinweis auf die bedeutende
Tatsache, dass Rudolf Steiner in seiner Lehre von den „ätherischen Bildekräften" (die er 1924 durch Dr. Wachsmuth publik
machte) dem Biogenetischen Grundgesetz Haeckels ein herr-

liches Denkmal setzt. Rudolf Steiners Ätherlehre basiert als kosmologische Entwicklungslehre entscheidend auf dem Biogenetischen Grundgesetz. Davon müsste in erster Linie die Rede sein, wenn heute das Verhältnis Haeckel–Steiner beurteilt werden soll. Wenn mit P. von einer „Vertiefung" gesprochen werden soll, die R. ST. Haeckel zuteil werden lässt, so besteht diese in der Art der Übernahme des Biogenetischen Grundgesetzes durch den Theosophen R. ST. Auf S. 42 bei Wachsmuth (1. Aufl.) tritt erstmals die *gedankliche Begründung* des Haeckelschen Gesetzes auf. Die „Vertiefung" besteht zunächst in einer Korrektur der Ansicht Haeckels vom Verhältnis von Phylogenese und Ontogenese. Die Korrektur erfolgt, weil R. ST. noch konsequenter als Haeckel vom Tatsächlichen und Bekannten ausgeht und dieses nicht überschreitet. Haeckels „Stamm" ist kein unmittelbar Bekanntes, sondern doch nur ein hypothetisch Erschlossenes. Die Haeckelsche Gleichung zwischen Phylogenese und Ontogenese enthält auf der einen Seite eine Hypothese, und nur auf der andern Seite ein unmittelbar Tatsächliches, ein physisches Individuum. Der Theosoph R. ST. bildet die Gleichung zwischen Phylogenie und Ontogenie nicht von einem problematischen „Stamm" her, sondern umgekehrt vom „jetzt erzeugten" Individuum aus. Wörtlich sagt R. ST. (durch Dr. Wachsmuth, S. 42): Das Biogenetische Grundgesetz „besagt, dass die Ontogenesis, d. h. die Entwicklung eines jetzt erzeugten Naturgeschöpfes, sei es nun Mensch, Tier oder Pflanze usw., vom Keim bis zum fertigen Endglied, eine kurze und rasche Wiederholung der Phylogenesis, derjenigen Entwicklung nämlich ist, welche die ganze Art, der dieses Geschöpf angehört, im Verlaufe der Erdenevolution durchgemacht hat." Ich auferlege mir die Pflicht, diese Worte Rudolf Steiners genau anzusehen, sie enthalten das Entscheidende, auf das es bei der „Vertiefung" Haeckels ankommt. Dass im Hinblick auf Ontogenese ausdrücklich von

einem „*jetzt erzeugten Naturgeschöpf*" gesprochen wird, ist der
Hinweis darauf, dass „Entwicklung" für den Theosophen Rudolf
Steiner die Anschauung des *Schöpfungsvorganges* beinhaltet.

Noch weit energischer als Haeckel genügt R. ST. der Forderung
des Verharrens im Tatsächlichen und Bekannten. Wenn der
Theosoph ausgeht – „jetzt" – von der „Erzeugung" etwa des
Menschen (worunter man sich die *Erschaffung* des BEGRIFFS
des Menschen vorzustellen hat, der allerdings, wenn er als
Begriff „Mensch" erschöpfend sein soll, zugleich ein bestimmter
physischer Mensch sein muss), so geht er von einem bekannten
Tatsächlichen aus. Indem nun mit der Erschaffung dieses
Tatsächlichen zugleich die rasche Wiederholung seines kosmi-
schen Werdens mitgeschaffen wird, ergibt sich die theosophisch
verstandene Gleichung von „Stamm" (bestimmter physischer
Mensch) und Ontogenese. – Entscheidend bei der Beurteilung
des Verhältnisses zwischen Rudolf Steiner und Haeckel ist die
Einsicht: Wenn der Theosoph R. ST. „Entwicklung" sagt, so hat
er „Schöpfung" gesagt. Darin besteht die „Vertiefung" Haeckels.
Wenn es den Begriff des Menschen gibt, dann deshalb, weil
er jetzt und hier geschaffen wird. Vom außertheosophischen
Standpunkt aus hat durchaus Sartre recht, wenn er verkündet,
dass es den Begriff des Menschen nicht gibt.

Der von Poppelbaum angebotene Gedanke, R. ST. habe die
Abstammungslehre Haeckels „vertieft" (S. 29), bleibt eine leere
Behauptung. Es ist nutzlos, von „Vertiefung" zu sprechen, wenn
der Übergang von Haeckel zu Steiner nicht als *gedanklich
begründbar* eingesehen wird. Eine anthroposophische „Vertiefung" Haeckels kann unmöglich darin bestehen, dass einfach
das Gegenteil der Haeckelschen Ansicht als wahr gesetzt wird.
Das ganze Lebenswerk Haeckels ist dem Nachweis gewidmet,
dass bei der „natürlichen" Entstehung der Menschenform

ein schaffendes Göttliches nicht im Spiel ist. Diese Lehre war bisher mit kirchlichen Dogmen nicht zu widerlegen, abgesehen davon, dass den christlichen Gegnern Haeckels die intellektuellen Voraussetzungen fehlen, um in der Sache mitzureden. Wenn nun Poppelbaums Widerlegung Haeckels einfach darin besteht, dass er mit einem Göttlichen aufwartet, das an der Menschenform willentlich „gebaut" habe, so bewegt er sich doch nur auf dem Niveau der christlichen Gegner Haeckels, die der Ansicht Haeckels nichts als eine konträre Gegenbehauptung entgegenzusetzen haben. Die gedankliche Anspruchslosigkeit geht sehr weit, wenn P. meint (S. 29): die anthroposophische Entwicklungslehre sei insofern eine Vertiefung der Haeckelschen Vorstellungen, als R. ST. die aufsteigende Entwicklungslinie als Beleg dafür ansehe, wie eine „Urväterseele" am Vorfahrenkörper gebaut habe. Da die „Forma corporis" oder die den Körper bauende Seele ein Gedanke des Thomismus ist, wünschte man von dem Biologen P. klargestellt zu bekommen, dass sein Gedanke der bauenden Seele nicht die Einladung zu einem thomistischen Missverstehen der Theosophie Rudolf Steiners ist. Vorliegende Erfahrungen machen es nicht empfehlenswert, das Schaffen Rudolf Steiners als eine Verzierung am historischen Thomismus zu interpretieren. Poppelbaums „Urväterseele" ist nichts als ein bequemes Wort. Der Dornacher Biologe hat es verdächtig eilig mit dem Frommwerden. Da mir „Seele" und „Gott" prinzipiell und selbstverständlich gleichbedeutende Ausdrücke sind, wünschte ich vorerst darüber aufgeklärt zu werden, wie man das anstellt, kurzerhand den Gott oder die Seele („Urväterseele") in der Biologie zu haben. Als Rudolf Steiner an der „Vertiefung" Haeckels arbeitete, schrieb er immerhin die Sätze: „Ich emp-finde ein Höheres, Herrlicheres, wenn ich die *Offenbarungen* der „Natürlichen Schöpfungsgeschichte" auf mich wirken lasse, als wenn die übernatürlichen Wundergeschichten der

Glaubensbekenntnisse auf mich eindringen. Ich kenne in keinem „heiligen" Buche etwas, das mir so Erhabenes enthüllt, wie die „nüchterne" Tatsache, dass jeder Menschenkeim im Mutterleibe aufeinanderfolgend in Kürze diejenigen Tierformen wiederholt, die seine tierischen Vorfahren durchgemacht haben.

[handschriftliche Zusätze:]
(Die Mystik – – Zweite Aufl. 1924, S. 119
?Fortsetzung des Zitates – –

—

Es kann nicht erwartet werden, dass „Begriff des Menschen" und „Seele" zwei verschiedene Mächtigkeiten seien. Den Begriff oder die Idee „Mensch" gibt es, wenn er jetzt und hier erschaffen wird; und wenn es also „Seele" als Wirklichkeit geben sollte, dann deswegen, weil sie jetzt und hier geschaffen wird. Angesichts des heutigen Standes von Physiologie und „Psychologie" verlohnt es sich nicht mehr, nur einfach deswegen von „Seele" daherzureden, weil es eine überlieferte Seelentheorie des alten Aristoteles gibt. Heute ist von vornherein ausgemacht, dass „Leib" und „Seele" nicht zwei verschiedene Substanzen sein können. Als die EINE SUBSTANZ fassen wir den physischen Körpermenschen ins Auge, und als Seele (MENSCHENSEELE, oder „Gott") den gleichen physischen Körpermenschen *als Geist*. Es ist schließlich bekannt, dass die Annahme einer selbständigen Entität „Seele" in der Neuzeit nicht nur fragwürdig, sondern unmöglich geworden ist. Ebenso ist bekannt, dass es seit Spinoza unstatthaft ist, unter „Seele", „Gott" und „Welt" nicht einunddieselbe Wesenheit zu verstehen. Sogar der Anthroposoph ist vom intellektuellen Gewissen dieser Epoche eingeladen, Gründe dafür zu haben,

126

wenn er von einem Begriffe „Seele" Gebrauch macht. Die bei Dr. Poppelbaum zwecks „Vertiefung" Haeckels auftretende Seelenvorstellung ist mir zunächst zu – katholisch.

Der Katholizismus befindet sich im Zustand der Erwartung, er wartet auf seine größte welthistorische Blamage. Rom bezieht seinen unmöglichen Seelenbegriff noch immer unentwegt vom alten Aristoteles. Dazu ertönt nun die theosophische Botschaft: Es gibt Seele, sofern sie jetzt und hier geschaffen wird. Denn die Erschaffung des Begriffs des wirklichen physischen Menschen bedeutet die Erschaffung der MENSCHENSEELE. Die „Seelenfrage" konnte nie eine andere als die Gottesfrage sein. Man hat jetzt dem alten Aristoteles zu beweisen, dass seine Methode, überall dort „Seele" zu finden, wo sich die Abstraktion „Leben" aufdrängt, uninteressant ist. Wenn der alte Grieche die Seele als das Prinzip des Lebens definierte (so dass zwar die Lebewesen Pflanze, Tier und Mensch, nicht aber die Mineralien beseelt sind), so liegt es *uns* nahe, den *Tod* als das Prinzip von Seele zu wissen, nachdem durch die Theosophie Rudolf Steiners der theologische Schöpfer-„Vater" als der Tod identifiziert ist (Zyklus 8). Dass die katholische Kirche die unmögliche Seelentheorie des Aristoteles vertritt (Thomismus), dokumentiert nur ihren Mangel an Sensorium für die Forderung, dass nur die als „Christus" zu bezeichnende Mächtigkeit als Prinzip der Seele in Frage kommen kann. Es besteht die Forderung, den Tod als den Schöpfer der Seele zu wissen, und von Seele überhaupt nicht zu sprechen, bevor nicht der Gott durch seinen menschlichen Tod auf Golgatha sich den Tod als ein göttliches *Können* beweist. Die Möglichkeit der Menschenseele entsteht nicht früher als im Tode auf Golgatha. Die „Geburt des Ich" – aus der Kraft des Todes –, das heißt die Erschaffung des Begriffes eines wirklichen Menschen jetzt und hier, erfolgt „gleichzeitig" im Jahre 33. Daher lautet die Botschaft der Theosophie an Rom: Man soll nicht von Seele sprechen, wenn man nicht den Christus als den Schöpfer der Seele weiß. – Es ist an der Zeit, dass wir uns vom alten Aristoteles verabschieden. Dieser Vater des Abendlandes nahm an: wie zum Milchtopf der Henkel gehört, so gehöre – von Gnaden einer „Natur" – zu jedem Meier und Müller eine höchsteigene „Seele". Heutige ernsthafte Wissenschaft hat es weniger eilig mit der Bildung des anspruchsvollen Gedankens einer „substanziellen Einzelseele". Sofern ernsthafte Wissenschaft ernsthaft nach „Seele" fragen wollte, wäre sie dazu verhalten,

[Das Manuskript bricht am Seitenende ab, ein Folgeblatt ist nicht auffindbar.]

[Entwurf 2]

Vorbemerkung

Leicht ist es ihm nicht gemacht, aber dennoch wird der Anthroposoph zu der Einsicht kommen müssen, dass Rudolf Steiners Schrift von 1900 über „Haeckel und seine Gegner" erst durch Anthroposophie *wahr* geworden ist, nämlich in einem noch tieferen Sinne wahr als im vortheosophischen Jahre 1900. Die Schrift charakterisiert „die Stellung des monumentalsten Vertreters der naturwissenschaftlichen Denkweise, Ernst Haeckels, innerhalb des Geisteskampfes unserer Zeit". Behandelt werden die *wissenschaftlichen* Gegner der Weltanschauung Haeckels (Eduard von Hartmann, Drews,

Virchow, Reinke, Dubois-Reymond usw.). Der eindeutige Einsatz für die Größe Haeckels ist auf den Tenor gestimmt: „Es gibt nur eine Rettung aus dem Glauben an eine übernatürliche Weltordnung; und das ist die monistische Erkenntnis, dass *alle Erklärungsgründe für die Welterscheinungen auch innerhalb des Gebietes dieser Erscheinungen liegen.* Diese Erkenntnis kann nur eine Philosophie liefern, die im innigsten Einklange mit der modernen Entwicklungslehre steht." Die Auseinandersetzung mit der „materialistischen" Weltanschauung Haeckels gab R. ST. die Gelegenheit, seinen Freiheitsbegriff zu definieren. In keinem andern Werke Rudolf Steiners findet sich der Begriff der *Freiheit* in ebensolcher monumentaler Einfachheit ausgesprochen wie in „Haeckel und seine Gegner". Inwiefern ist „der Mensch" frei? Es gibt die Möglichkeit der Freiheit, weil die Natur, als deren Ergebnis und Gipfel „der Mensch" auftritt, aus sich selbst kein Ziel und keinen Sinn setzt; sie überlässt das Setzen von Ziel und Sinn ihrem bisherigen Resultate, dem Menschen. Die denkwürdige Konfrontierung dieser Theorie der Freiheit mit Haeckels Ansicht von der Willensfreiheit lautet auf S. 30–31 von „Haeckel und seine Gegner":

„Der Monismus (Haeckels) sieht natürlich das menschliche Handeln nur als einen Teil des allgemeinen Weltgeschehens an. Er macht es ebensowenig abhängig von einer sogenannten höheren moralischen Weltordnung, wie er das Naturgeschehen von einer übernatürlichen Ordnung abhängig sein lässt. „Die mechanische oder monistische Philosophie behauptet, dass überall in den Erscheinungen des menschlichen Lebens, wie in denen der übrigen Natur, feste und unabänderliche Gesetze walten, dass überall ein notwendiger, ursächlicher Zusammenhang, ein Kausalnexus der Erscheinungen besteht, und dass demgemäß die ganze, uns erkennbare Welt ein einheitliches Ganzes, ein Monon bildet. Sie behauptet ferner, dass alle

Erscheinungen nur durch mechanische Ursachen, nicht durch vorbedachte *zwecktätige* Ursachen hervorgebracht werden. Einen „freien Willen" im gewöhnlichen Sinne gibt es nicht. Vielmehr erscheinen im Lichte der monistischen Weltanschauung auch diejenigen Erscheinungen, die wir als die freiesten und unabhängigsten zu betrachten uns gewöhnt haben, die Äußerungen des menschlichen Willens, gerade so festen Gesetzen unterworfen, wie jede andere Naturerscheinung." (Haeckel, Anthropogenie, S. 851). Die monistische Philosophie zeigt die Erscheinung des freien Willens erst im rechten Lichte. Als Ausschnitt des allgemeinen Weltgeschehens steht der menschliche Wille unter denselben Gesetzen wie alle anderen natürlichen Dinge und Vorgänge. Er ist naturgesetzlich bedingt. Indem aber die monistische Ansicht leugnet, dass in dem Naturgeschehen höhere, zwecktätige Ursachen vorhanden sind, erklärt sie zugleich auch den Willen

[Das Manuskript bricht an dieser Stelle am Seitenende innerhalb des Steiner-Zitates ab, ein Folgeblatt ist nicht auffindbar. Siehe Anmerkung.]

[Entwurf 3]

Dazu ertönt nun die theosophische Botschaft: Es gibt Seele, sofern Seele jetzt und hier *geschaffen* wird, denn die Erschaffung des Begriffs des wirklichen physischen Menschen bedeutet die Erschaffung der MENSCHENSEELE. Die „Seelenfrage" ist keine andere als die Gottesfrage. Man hat jetzt dem Aristoteles zu beweisen, dass seine Methode, überall dort „Seele" zu finden, wo sich die Abstraktion „Leben" aufdrängt, uninteressant ist. Wenn der alte Grieche die Seele als das Prinzip des Lebens definierte (so dass zwar die Lebewesen Pflanze, Mensch, Tier, nicht aber die Mineralien beseelt sind), so liegt es *uns* näher den *Tod* als das Prinzip der Seele zu wissen, nachdem durch die Theosophie Rudolf Steiners der theologische Schöpfer-„Vater" als der Tod identifiziert ist (Zyklus 8). Dass die katholische Kirche die unmögliche Seelentheorie des Aristoteles vertritt (Thomismus), beweist nur, dass sie kein Sensorium hat für die Forderung: dass der Tod der Schöpfer und das Prinzip von Seele ist, und dass von Seele nicht früher gesprochen werden kann, als der Gott sich durch seinen menschlichen Tod am Kreuz den Tod als ein *Können* beweist. Die Möglichkeit der Menschenseele, „Ich" zu sein, entsteht beim Tode des Gottes auf Golgatha. Die „Geburt des Ich", das heißt die Erschaffung des Begriffes des wirklichen Physischen Menschen jetzt und hier, erfolgt „gleichzeitig" im Jahre 33 auf Golgatha. Daher lautet die Botschaft der Theosophie an Rom: Man soll nicht von Seele sprechen, wenn man nicht den Christus als den Schöpfer der Seele weiß. – Warum ist die thomistische Seelentheorie längst ein verheerender Anachronismus? „Leib" und „Seele" des Menschen sollen zwei verschiedene „Substanzen" sein. Das ist unmöglich, aber an diesem Unsinn kaut seit Jahrhunderten die Universität. Die Substanz des Menschen ist Eine, und wenn es Seele geben soll, so kann die MENSCHENSEELE nur der wirkliche physische Mensch *ALS GEIST* sein. „Leib" und „Seele" sind das Gleiche, nur in verschiedenem Aspekt. Die Menschenseele ist zuerst die *Form der Welt*, bevor sie im Sinne des Thomismus die forma corporis der Meier und Müller sein kann. Wird nach dem BEGRIFF der Welt (Natur, Kosmos) gefragt, so versteht Theosophie den wirklichen physischen Menschen als diesen Begriff: den körperlichen Menschen *als*

Geist. Die Welt ist aus Geist gemacht. Das Weltgeschehen ist der Aktus der MENSCHENSEELE. – Es ist an der Zeit, dass wir uns vom alten Aristoteles verabschieden. Dieser Vater des Abendlandes nahm an: wie zum Milchtopf der Henkel gehört, so gehöre zu jedem Meier und Müller eine „Seele". Heute

[Der Entwurf bricht hier ab, siehe Anmerkung.]

Notizblatt, LAMONE, 14. Februar 1954.

Dr. Hermann Poppelbaum, Dornach, „*Ernst Haeckels Bildnis – heute.* Anlässlich seines 120. Geburtstages am 16. Februar." (in „Die Drei", 24. Jahrg. Heft 1, Jan.–Febr. 1954)

Ich las Poppelbaums Aufsatz mit Genuss. Von der frommen Animosität gegen Haeckel, zu der sich die Anthroposophen sonst verpflichtet fühlen, ist in diesem Aufsatze nichts mehr zu bemerken. P. bemüht sich, Rudolf Steiners Sympathien für Haeckel nachzufühlen; es gelingt ihm auf diesem Wege, ein christelndes Anti-Haeckeltum zu revidieren. Ein Fortschritt! Sogar die These Rudolf Steiners: Haeckel liefere elementare Theosophie, kann in Ps. Aufsatz auftreten, was sie in „Mensch und Tier" nicht konnte. Den möglichen Schritt von Haeckels naturalistischem Monismus zur Anschauung Rudolf Steiners kann P. nur behauptend, *nicht aber gedanklich* plausibel machen.

[handschriftliche Zwischennotiz:] Schmidt, Jena

Man sollte heute bemerken, dass bei Haeckel das mittelalterliche *Universalienproblem* unvermutet wieder auferstanden ist. Weisen die Gattungs-Begriffe (Universalien) auf geistige Realitäten, oder sind es nur zusammenfassende Nomina? Können „Ideen" Wirklichkeiten sein? Ist die Idee „Mensch" ein bloßer „Spuk" (Stirner, Sartre), oder eine Realität? Gehört Haeckels „Stamm" nicht auch zu den nominalistischen Fiktionen, trotzdem der „Stamm" eine überreiche Fülle von empirischen Inhalten herzugeben scheint, und trotzdem Haeckel den Stamm als kausierend (die Phylogenese die „Ursache" der Ontogenese) vorstellt?

Wenn R. ST. gegenüber Haeckel eine „*Vertiefung*", wie P. sagt, bedeutet, so besteht die „Vertiefung" in nichts anderem als darin, dass R. ST. gegen den philosophisch anspruchslosen Naturalisten Haeckel die volle Wucht des bei den Scholastikern liegen gebliebenen Universalienproblems zur Wirkung bringt. – Es gibt einen *gedanklich* begründbaren und erfassbaren Übergang („Vertiefung") von Haeckel zu R. ST. Zu bedenken: Es konnte unmöglich die Aufgabe des Okkultisten R. ST. sein, diesen gedanklich herzustellenden Übergang darzustellen; der Okkultist breitet nicht seine *gedanklichen* Hintergründe aus (er würde dafür auch keine Abnehmer finden), sondern er spendet als „Schöpfer von Seele" dasjenige, woran „Seelen" entstehen können. – Die Einsicht in den *gedanklich* möglichen Übergang von Haeckel zu R. ST. – im Sinne von „Vertiefung" Haeckels – kann *unsere* Aufgabe sein.

Dr. P. gerät wenigstens ins „Stutzen", indem er sich den vollzogenen Übergang von Haeckel zu R. ST. vorzustellen versucht; doch bewirkt das Stutzen in ihm noch nicht die Ahnung, dass die Schwierigkeiten weit größer sind, als er annimmt. Er schreibt (S. 29): Rudolf Steiner gehe „sogar so weit, zu sagen, dass die von

Haeckel gefundenen Ergebnisse, also seine Stammbaum-Reihen als Ahnenbilder 'sozusagen das erste Kapitel der Theosophie' seien." Darüber stutzt P., der fortfährt: „Bei dem scheinbar so gewaltigen Abstand der Haeckelschen Ahnenbilder von den geheimwissenschaftlichen „Seelenvorfahren" des Menschen kann man bei solcher Einschätzung zunächst stutzen." Solches Stutzen ist ein starkes Positivum. Der Biologe soll mit dem „Stutzen" nur nicht zu schnell fertig werden wollen. Eine „Vertiefung" Haeckels kann unmöglich darin bestehen, dass einfach das Gegenteil der Haeckelschen Anschauung als wahr gesetzt wird. Das ganze Lebenswerk Haeckels ist dem Nachweis gewidmet, dass bei der Entstehung der Menschenform aus zeitlich früheren Primitivformen ein Göttliches – so etwas wie eine vorausplanende Welt-„Seele" – nicht im Spiele ist. Es kann nicht zur „Vertiefung" Haeckels beitragen, wenn das „Stutzen" des Biologen vorschnell durch den allzubilligen Rekurs auf eine „Urväterseele" unterbunden wird. Man sollte es vermeiden, den Eindruck zu erzeugen, R. ST. habe es sich mit dem Übergang von Haeckel zu Steiner ebenso leicht gemacht. Der Biologe muss doch wissen, dass er in den Verdacht des Schwindelns gerät, wenn er – trotz Haeckel – von „Seele", d. h. von „Gott" fabuliert. R. ST. hat sich den Übergang, die „Vertiefung" Haeckels, *nicht* leicht gemacht. Zunächst musste er in dem Buche „Die Mystik …" (dessen Vorwort im September 1901 geschrieben ist) einen Standpunkt einnehmen, den jeder Haeckelianer ohne weiteres bejahen kann, um dann allerdings in dem Berliner Vortrage vom 5. Oktober 1905 über „Haeckel, die Welträtsel und die Theosophie" sich vor theosophisch gestimmten Zuhörern in einer Weise über „Abstammungs-lehre" auszusprechen, dass der Schein der Unvereinbarkeit mit Haeckel derart intensiv ist, dass man zu „stutzen" hat. –

In dem „Ausklang“ betitelten Schlusskapitel des Buches „Die Mystik…“ heißt es:

„*Goethe* hat der Naturwissenschaft eine große Perspektive eröffnet. Er suchte die ehernen, ewigen Gesetze des Naturwirkens bis zu dem Gipfel zu verfolgen, wo sie den Menschen mit ebensolcher Notwendigkeit entstehen lassen, wie sie auf unterer Stufe den Stein hervorbringen. *Lamarck, Darwin, Haeckel* u. a. haben im Sinne dieser Vorstellungsart weiter gewirkt. Die 'Frage aller Fragen', die nach dem natürlichen Ursprung des Menschen, hat im neunzehnten Jahrhundert ihre Antwort erfahren. Andere sich daran schließende Aufgaben im Reiche der natürlichen Vorgänge haben ihre Lösungen gefunden. Man begreift es heute, dass man aus dem Reiche des Tatsächlichen nicht herauszutreten braucht, wenn man die Stufenreihe der Wesen, bis herauf zum Menschen, in ihrer Entwicklung rein natürlich verstehen will…
Diese Naturwissenschaft hat der Natur nichts gegeben, was ihr nicht gehört, sie hat ihr nur genommen, was ihr nicht gehört. Sie hat alles das aus ihr verbannt, was nicht in ihr zu suchen ist, sondern was sich *nur im Innern des Menschen* findet. Sie sieht kein Wesen mehr in der Natur, das so ist, wie die Menschenseele, und das schafft nach Art des Menschen. Sie lässt die Organismenformen nicht mehr von einem menschenähnlichen Gott *geschaffen* sein; sie verfolgt ihre Entwicklung in der Sinnenwelt nach rein natürlichen Gesetzen…
Erleben wir den Geist in uns, dann brauchen wir keinen draußen in der Natur…
Ich suche keinen Gottesgeist in der Natur, weil ich das Wesen des Menschengeistes in mir zu vernehmen glaube.“

Diese Sätze also hat R. ST. im Jahre 1901 publiziert. – Wie werde ich mich nun als leidlich intelligenter Zeitgenosse verhalten, wenn R. ST. wenige Jahre später – in dem Berliner Vortrage vom 5. Oktober 1905 über „Haeckel, die Welträtsel und die Theosophie" – kundtut: die *theosophische Denkart* (hinsichtlich der Frage der Abstammung des Menschen) sei für alle diejenigen ganz unverständlich, die nicht mit einem Geist in der Natur rechnen. (S. 26 der 10.–12. Auflage des gedruckten Vortrages). Ich bin – in meiner Eigenschaft als leidlich intelligenter Zeitgenosse – aufgefordert, mit dem scheinbar unüberwindlichen Fundamentalwiderspruch zwischen den Aussagen des Buches „Die Mystik ..." und der obigen These des Berliner Vortrages vom 5. Oktober 1905 fertig zu werden. Zunächst gestehe ich mir, dass ich mir unter allen Umständen verbiete, unter „Geist" jemals etwas anderes zu verstehen als den persönlichen Geist eines leibhaftigen Menschen. Wenn es zu einem bestimmten Zeitpunkte einen „Geist der Natur" nicht gibt, und wenn es zu einem anderen Zeitpunkte einen „Geist der Natur" *gibt*, dann kann der Grund für das Letztere nur darin liegen, dass ein bestimmter leibhaftiger Mensch *Seinen* persönlichen Geist der Natur zur Verfügung stellt. Wenn der Theosoph Rudolf Steiner seinen Geist der Natur zur Verfügung stellt, dann gibt es den „Geist der Natur". Eine andere Ansicht vermöchte mich, sofern ich den leidlich intelligenten Zeitgenossen in mir zu respektieren habe, überhaupt nicht zu interessieren. Vorzüglich uninteressant finde ich die stupide Ansicht von Zeitgenossen, die den bei der „Vertiefung" Haeckels auftretenden Fundamentalwiderspruch durch den Gedanken loswerden: R. ST. habe eben sein hellsehendes Auge noch nicht geöffnet gehabt, als er einen „Geist der Natur" in dem Buche „Die Mystik ..." nicht anerkannte; und erst später, als sein Seherauge geöffnet war, habe er dann den Geist in der Natur geschaut. Das ist die Ansicht von Zeitgenossen, die sich die geistige Schau nach dem Muster des Kirschenpflückens vorstellen. Beim Kirschenpflücken ist es wesentlich, dass zuerst die Kirschen *da* sein müssen, bevor sie gepflückt werden können. Dagegen könnte es der geistigen Schau wesenseigentümlich sein, dass das zu Schauende erst *geschaffen* werden muss, um geschaut werden zu können. In der Tat gibt es in der Natur so viel Geist, als ihr Geist anerschaffen wird. Wenn Einer die Aufgabe ergriffe, jetzt und hier, Seinen Geist der Natur anzuerschaffen, so wäre er auf die teilnehmende Mithilfe „aller Menschen" angewiesen …

Dr. P. denket die von ihm gesehene „Vertiefung", die
R. St. Haeckel zuteil werden lässt, durch den folgenden
Gedankengang an:

Das Bemerkenswerte: Zwei Ursprünge der Menschen

An der Vergleichung der theosophischen und der Haeckelschen
Abstammungslehre (in dem Vortrage „Haeckel, die Welträtsel
und die Theosophie) ~~bemerkt~~ ~~ist das höchst Bemerkenswerte~~
es höchst bemerkenswert, dass R. St. von zwei
Menschenursprüngen spricht. Der natürliche
Einzelmensch ~~kein~~ einfaches Wesen, er ist ein
Doppelwesen. Nur ein Mensch, der als höher dem
das Wesen der menschlichen Gattung
wäre, wäre ein einfaches Wesen

Von die theosophische Ansicht von
Zwei Menschenursprüngen zu
sprechen hat.

Dr. P. deutet die von ihm gesehene „Vertiefung", die R. ST. Haeckel zuteil werden lässt, durch den folgenden Gedankengang an:

Das Bemerkenswerte: *Zwei* Ursprünge des Menschen

An der Vergleichung der theosophischen und der Haeckelschen Abstammungslehre (in dem Vortrage „Haeckel, die Welträtsel und die Theosophie") ~~ist das höchst Bemerkenswerte~~ ist höchst bemerkenswert, dass R. ST. von *zwei* Menschenursprüngen spricht. Der natürliche Einzelmensch kein *einfaches* Wesen, er ist ein Doppelwesen.

Nur ein Mensch, der als Individuum das Wesen der menschlichen Gattung wäre, wäre ein einfaches Wesen

[alternative Fortsetzung nach „bemerkenswert":]

dass die theosophische Anschauung von *zwei* Menschenursprüngen zu sprechen hat.

[Einschub zwischen den Zeilen, unklar:]

Von der theosophischen Grundanschauung her ist

Da die „forma corporis" [...] oder die
Körper bildende Seele kein spezifisch anthroposophischer
Gedanke ist, möchte man von dem [...] [...]
seine [...]: [...], daß rein Gedanke nicht
die Einladung zu einem [...] Mißverstehen
des [...] [...] ist; vor allem
aber, es blieb uns,

A. keine bloße Verlegung aus historischer [...]

Ich würde es vorziehen, den [...] [...] die folgende Form
Ich sage an die Adresse Haeckels: Alles ist richtig,
aber das nicht Entwickelnde ist der Mensch [...]
der – jetzt und hier – der wird, der er ist.

Der Bcolose P. hat es verdächtig eilig mit dem
Frommwerden. Heut ist er ganz ber. Satt

Nicht: Die Seele baut den Leut

Der liebe Gott hat den Menschen gemacht

Der Theoret R. St. ist gegenüber den voredign Frommsein wollen
[...] ein hundertprozentiger Haeckelianer
Es geht Fragen, die veralten. Die Frage der im traditionellen
Stile Frommen: „Wie hat der liebe Gott den physischen
Menschenkörper gemacht?" wird [...] überflüssig, wenn
der physische Menschenkörper selbst der Gott sein sollte
Dieser „reine Gott" gewönne den Vorteil, sogar von den bösen
Materialisten als das „große Wunder" anerkannt zu [...]

Da die „Forma corporis" oder die den Körper bauende Seele ein Gedanke des Thomismus und also kein spezifisch anthroposophischer Gedanke ist, möchte man von den Biologen Poppelbaum gerne klargestellt bekommen: ~~erstens~~ dass sein Gedanke der bauenden Urväterseele nicht die Einladung zu einem thomistischen Missverstehen ~~der theosophischen Entwicklungslehre~~ Theosophie Rudolf Steiners ist; vor allem aber, so scheint uns,

A. keine bloße Verzierung am historischen Thomismus

Ich würde es vorziehen, der Widerlegung Haeckels die folgende Form

Ich sage an die Adresse Haeckels: Alles ist richtig, aber das sich Entwickelnde ist der Mensch, der – jetzt und hier – der *wird*, der er ist.

Der Biologe Poppelbaum hat es verdächtig eilig mit dem Frommwerden.

Blut ist ein ganz besonderer Saft

Ich habe es weniger eilig. Als Bremsklotz dient mir der Berliner Vortrag R. STs von 1906 „Blut ist ein ganz besonderer Saft"

Nicht: die Seele baut das Blut

Der liebe Gott hat den Menschen gemacht

Der Theosoph R. ST. ist gegenüber dem voreiligen Frommseinwollen ein hundertprozentiger Haeckelianer

Es gibt Fragen, die veralten. Die Erzfrage der im traditionellen Stile Frommen: „Wie hat der liebe Gott den physischen Menschenkörper gemacht?" wird überflüssig, wenn der physische Menschenkörper selbst der Gott sein sollte

Dieser „neue Gott" genösse den Vorteil, sogar von den bösen Materialisten als das „große Wunder" anerkannt zu werden

Im Hinblick auf „Blut ist ein ganz besonderer Saft"
(1952, 1954)

Ein Gesichtspunkt

im Hinblick auf „Blut ist ein ganz besonderer Saft".

Lamone, 13. März 1952

Was soll ich mir vorstellen unter einem „allgemeinen Kiesel-stein"? Einen „allgemeinen" Kieselstein kann es doch wohl überhaupt nicht geben. Ein Kieselstein ist ein Individuum, also das Gegenteil eines Allgemeinen.

Was soll ich mir vorstellen unter dem *allgemeinen* Physischen Leib? Es ist in „Blut ist ein ganz besonderer Saft" davon die Rede, dass der Physische Leib sich *„individualisiert"*. Wie ist das zu verstehen? Individualisierung oder Individuation heißt: aus einem Universellen oder Allgemeinen *wird* ein besonde-res Individuelles. Wie kann man sich denn einen Physischen Körper als „Allgemeinen" vorstellen? Bekanntlich sind doch physische Körper Individuen, und nicht Allgemeines.

Um „allgemein" zu sein, müsste ein Physischer Körper als Körper *zugleich* Gedanke sein, denn nur Gedanken sind „all-gemein".

143

Man muss also annehmen, dass in der Anthroposophie Ein Physischer Körper *zugleich* Gedanke und Geist ist, wenn die Aussage einen Sinn haben soll, dass er sich „individualisieren" kann. Man muss annehmen, dass im Sinne der Anthroposophie ein Kieselstein dadurch „allgemeiner Kieselstein" ist, dass er fähig ist, als das was er ist „in die Zahl zu schießen".

Mein Physischer Körper ist also der in die Zahl geschossene „allgemeine Kieselstein". Ich *bin* nicht einfach mein Körper, sondern ich *wohne* (im Tempel Gottes) in einem Körper, der eine der Zahlen ist, in die der allgemeine Physische Körper geschossen ist.

Der „allgemeine Physische Körper" ist schlechterdings *d a s* Fundament der Anthroposophie.

Mit freundlichen Grüßen

für Frl. Tildi Zimmermann

Im Hinblick auf „Blut ist ein ganz besonderer Saft" (II)

Um nicht einfach altgewohnte Vorurteile in den schwierigen Text von „Blut ist ein ganz besonderer Saft" *hineinzulesen*, ist es nützlich, sich darüber Rechenschaft zu geben, dass das in der Anthroposophie mit „Seele" Gemeinte gründlich verschieden ist von aller bisherigen Seelentheorie, z. B. gründlich verschieden von der „Seele" der katholischen Philosophie und Religion. In der katholischen Seelenwissenschaft wird angenommen, dass die individuelle Seele eines Menschen bei dessen leiblicher Entstehung von Gott geschaffen wird und von außen zu dem Neugeborenen hinzutritt. Bevor die Seelen aus göttlichem Bereich sich mit den einzelnen leiblichen Menschen verbinden, sind sie von undifferenziert einheitlichem Wesen, ein göttlich *Allgemeines*. Dieses Allgemeine wird bei der Geburt durch den Leib individualisiert. Es gibt darum – nach klassischer katholischer Lehre – genau so viele Individualseelen als menschliche Leiber. – Es ist aber klar, dass diese katholische Lehre widerlegt wird von den anthroposophischen Tatsachen der Präexistenz und der Wiederverkörperung.

Man muss wissen, dass mit „Seele" im anthroposophischen Sinn von vornherein ein *Welt*-Wesen bezeichnet wird. Man kann in der Anthroposophie nicht nach dem Muster des „heidnischen" Griechen Aristoteles vorgehen (von dem die katholische Seelenwissenschaft den Begriff der Seele bezieht). Aristoteles stellte in den natürlichen Dingen – in Pflanzen, Tieren, Menschen – ein *Lebens*-Prinzip fest und nannte dieses Lebensprinzip „Seele". Im Sinne des Aristoteles bewirkt die Seele bei der Pflanze das Wachstum und die Fortpflanzung, bei den Tieren kommt zum pflanzlichen Seelenvermögen noch die Fähigkeit der Empfindung und der Selbstbewegung hinzu; beim Menschen tritt zu der niederen Seele, die den Pflanzen und Tieren eignet, von außen die höhere Denkseele als die eigentliche „Seele" hinzu, sie wird von Gott bei der leiblichen Entstehung des einzelnen Menschen hinzuerschaffen. – In der Anthroposophie gelangt man allerdings in einer gründlich anderen Art zu der grundlegenden Vorstellung „Seele".

In der Anthroposophie kann von Seele im Ernste nur gesprochen werden im Blick auf das Ereignis von Golgatha. Prinzip des anthroposophischen Sprechens von Seele ist nicht wie bei Aristoteles das „Leben" in den Naturdingen, sondern Prinzip der anthroposophischen Seele ist der Tod und die Auferstehung eines *kosmischen* Gottes auf Golgatha. Um mit Vertrauen von Seele sprechen zu können, blicken die Anthroposophen nicht auf den alten Aristoteles, sondern sie blicken auf das kosmisch-geschichtliche Ereignis von Golgatha. „Seele" bedeutet anthroposophisch von vornherein ein kosmisches *Welt*-Prinzip.

Setzt man für Seele „Astralleib", so bedeutet der Astralleib ein *Welt*-Wesen. Es ist nicht einfach so, dass der einzelne Mensch, wie er nach landläufiger Vorstellungsart eine Nase und zwei Ohren hat, auch einen Astralleib „hat". Es besteht vielmehr die schwerwiegende Frage, wieso der Astralleib als *Allgemeines* zugleich individualisiert auftritt.

Wenn ich weiß, dass der Astralleib von vornherein ein universell kosmisches Wesen ist, dann erst verstehe ich, dass in „Blut ist ein ganz besonderer Saft" die Rede davon ist, der Astralleib *individualisiere* sich. Denn nur *Allgemeines* kann sich individualisieren. Ich muss also, um den Text von „Blut ist ein ganz besonderer Saft" *lesen* zu können, wissen, dass Seele oder Astralleib ein *Welt*-Prinzip bedeutet.

Noch immer hält der Katholizismus die Fiktion aufrecht, er sei befähigt, über Seele *wissenschaftlich* mitzureden. Wissenschaftlich würde sich der Katholizismus nur dann verhalten, wenn er gewillt und fähig wäre, seine Seelentheorie aus dem Christusbegriff herzuleiten. Von solchem Wollen und Können ist der Katholizismus weit entfernt. Wie in langen vergangenen Jahrhunderten, so bezieht er auch heute seine „wissenschaftliche" Theorie der Seele beim Griechen Aristoteles.

Es bildet den Kern der katholisch-aristotelischen Seelenvorstellung, dass die Seele als *forma corporis* das gestaltende Prinzip in dem leiblichen menschlichen Organismus sei. Das ist natürlich unsinnig, wenn die Seele nicht von vornherein ein *Welt*-Prinzip ist, wesensidentisch mit Gott. Schonend sagte R. St. in den Pfingstvorträgen über Thomas von Aquino am Goetheanum 1920: „Thomas konnte es nur zu einem abstrakten Statuieren dessen bringen, dass das Seelisch-Geistige wirklich bis in die letzten Tätigkeiten der menschlichen Organisation hinunterwirkt." Der *Goetheanismus* im anthroposophischen Begriff des Astralleibes als einer *Welt*-Wesenheit ist weniger bei Thomas beheimatet als bei seinem Gegner Averroes. Der Astralleib ist ein Universell-Allgemeines, die Menschen haben zuerst gemeinsam Einen Astraleib, bevor dieser sich individualisiert. Der Astralleib oder die Seele ist substanziell wesensgleich mit Gott, die Individualseelen verhalten sich zu Gott wie Tropfen Wassers zum Meere. Die Individualseelen sind *Teile* Gottes. Das bedeutet natürlich für den heutigen katholischen Theologen, der bestrebt ist, sich der Theologie Karl Barths anzugleichen, die absolute Ketzerei. Die Anthroposophen brauchen über solche Grundordnungen klare Vorstellungen; sie haben sich bei den Sorgen der Barth'schen oder katholischen Seelentheorie nicht aufzuhalten, denn sie brauchen Ihre ganze Kraft und ihren ganzen Ernst, um das ihnen anvertraute Geistesgut verstehen zu lernen.

Man wird dahinter kommen, welche absurde Zumutung es denn doch bedeutet, dass ein Grieche einige Jahrhunderte vor dem Mysterium von Golgatha in der Lage gewesen sei, *ernsthaft* über die Seele zu sprechen. Nach unserer Einsicht beginnt die Möglichkeit, ernsthaft, d. h. *wissenschaftlich* über die Seele zu sprechen, frühestens mit dem „leeren Grab" im Jahre 33 der christlichen Zeitrechnung.

15. März 1952

Im Hinblick auf „Blut ist ein ganz besonderer Saft" (III)

Dem anthroposophischen Sprechen von „Seele" liegt das Mysterium des Todes zu Grunde. Anthroposophie kann nicht im Stile des vorchristlichen Aristoteles die Seele unter die Ideen „Sein" und „Leben" zwängen wollen. „Leben" ist kein Letztwirkliches. *Die Wirklichkeit des Lebens ist der Tod.* Leben heißt Leben aus der Kraft des Todes. In Dr. Carl Ungers „Grundlehren der Geisteswissenschaft" (von denen man wissen kann, dass sie eigentlich zwei Autoren haben, indem R. ST. ihrem Verfasser gleichsam auf die schreibende Hand blickte) ist gesagt: „Das Walten der höheren Welten, deren letzte Schöpfertat das menschliche 'Ich' ist, wie es zugleich die erste Schöpfertat des Menschen ist, lässt das 'Ich' nicht im 'Sein' erstarren und stellt als stärksten Ausdruck der wahren Wirklichkeit, die allein in den höheren Welten zu finden ist, in das Leben den Tod. Wir können einsehen, dass der Tod die wahre Wirklichkeit des Lebens ist. So bedeutet auch für das Leben der Menschheit wahre Wirklichkeit der Tod, der im Mittelpunkte ihres Werdens steht, der Tod auf Golgatha."

An dem Ort, wohin die abendländische Theologie den Namen
„Vater" setzt, sieht die Geisteswissenschaft den Tod. „Der Tod
ist der ewig lebendige Vater."

Ein Apropos zu
„BLUT IST EIN GANZ BESONDERER SAFT" (I)

Ich führe mir den folgenden Satz (5. Aufl. S. 24) zu Gemüte:

Das Blut nimmt die durch das Gehirn
verinnerlichten Bilder der Außenwelt auf,
gestaltet sie zu lebendigen Bildungskräften um,
und bildet durch sie den jetzigen Menschenleib
aus.

Mit diesem Satze vollführe ich ein Gedankenexperiment: Ich
nehme den Satz und präsentiere ihn einem soliden Vertreter
der heutigen Universität. Der Universitätsrepräsentant wird
mir ohne Umschweife eröffnen, dass es unter meinem Hute
in ernstlicher Weise nicht ganz richtig sein könne. Nur ein
Verrückter könne den Satz bilden: das Blut (das Blut!) nehme
Gedanken-Bilder auf. Auch gehe es denn doch nicht an, in
derart verantwortungsloser Weise gegen die Anstandregeln der
Universität zu verstoßen. An der Universität unterscheide man
mit sachlicher Strenge die Naturwissenschaften einerseits und
die Pflege des Geistigen andererseits; der Satz Rudolf Steiners
aber könne weder der universitären Geisteswissenschaft, noch
der Naturwissenschaft zugeordnet werden, zum letzteren sei

der Satz zu materialistisch. Überhaupt sei das Schlimmste an dem Satze, dass er offensichtlich einen peinlichen Materialismus zum Ausdruck bringe; denn um nicht materialistisch zu sein, dürfte in dem Satze nicht vom Blute direkt gesprochen werden, sondern es müsste allenfalls von einer „Entelechie" des Blutes die Rede sein, damit das Blut auf ein geistiges Prinzip zurückgeführt werde. Der Satz Steiners – so werde ich des weiteren belehrt – erinnere geradezu an naiven Haeckelschen Materialismus, obschon gesagt werden müsse, dass man immerhin Haeckel den Wahnwitz nicht zutrauen könne, der da sagt: das Blut (!) nehme Gedankenbilder auf.

Es ist für den Anthroposophen eine gute Übung, sich immer mal wieder in die Seele der Universität zu versetzen, – um sich des Problematischen eines solchen Rudolf Steiner-Satzes bewusst zu werden. Die Antwort des Anthroposophen an die obige Eröffnung der Universitätsseele kann – von mir aus – lauten: Natürlich und selbstverständlich kommt in dem Satze Rudolf Steiners ein fragloser Materialismus zum Ausdruck, nur handelt es sich – wenn das auch ein für die Universität unmöglicher Gedanke ist – um einen s p i r i t u e l l e n M a t e r i a l i s m u s.

In Hamburg sagte R. ST. am 16. November 1912 (Vortr. Nr. 2647): „Der Materialismus wird, wenn die Menschen ihn ganz ernst nehmen, wenn er auf seinem Höhepunkte angelangt sein wird, ganz von selbst zu seinem Gegenteil führen."

Die Zeitgenossen haben im allgemeinen wenig Neigung, den Materialismus „ganz ernst" zu nehmen, sie kommen auf viel bequemere Weise zum „Geist"... Als der Materialismus *ganz* ernst genommen wurde, entstand Rudolf Steiners

SINNESLEHRE (s. „Anthroposophie, ein Fragment aus dem Jahre 1910").

„BLUT IST EIN GANZ BESONDERER SAFT" (II)

(5. Aufl. S. 35): Ein „Ich-Wesen" muss fähig sein, die Außenwelt in sich aufzunehmen, und innerhalb seiner selbst wieder zu erzeugen. Hätte der Mensch bloß Gehirn, so könnte er nur Bilder der Außenwelt in sich erzeugen und in sich erleben; er würde dann zu sich nur sagen können: Die Außenwelt ist in mir als Spiegelbild noch einmal wiederholt; kann er aber diese Wiederholung der Außenwelt zu einer neuen Gestalt aufbauen, dann ist *diese* Gestalt nicht mehr bloß die Außenwelt: sie ist „Ich".

Träte der Weltengott jetzt im 20. Jahrhundert mitten unter die Menschen, um ihnen in einfacher wissenschaftlicher Sprache mitzuteilen, dass und wie er als MENSCH der Schöpfer der Welt ist –, so wäre zu befürchten, dass die gescheiten Menschen nicht bemerken würden, über was für ein Thema zu ihnen gesprochen wird. Die Empfänger der Mitteilung würden glauben, weil vom BLUTE – als einem ganz besonderen Safte – die Rede ist: es sei eben vom Blute und nicht vom Schöpfer die Rede.

Es ist natürlich in dem Vortrage Nr. 1408 („Blut ist ein ganz besonderer Saft", Berlin, 25. Oktober 1906) dennoch die Rede von Einem, der „die Außenwelt aufbaut" und ihr (der Außenwelt) seinen eigensten Namen, Ich, beilegt. Als Leitmaxime für das anzustrebende Verständnis der Mitteilungen über den ganz besonderen Saft des Blutes kann der Satz, den der Aufbauer sprechen könnte, dienen: „Die Welt ist Ich, und ich bin die Welt".

LAMONE, 23. März 1954.

III

Es kommt notwendig der Moment, da die Stupidität von der Einsicht abgelöst wird. Die Stupidität hat sich eine zeitlang gegenüber dem folgenden Satze (aus: „Blut ist ein ganz besonderer Saft") betätigt: „Ein 'Ich-Wesen' muss fähig sein, die Außenwelt in sich aufzunehmen, und innerhalb seiner wieder zu erzeugen". Die Stupidität hatte angenommen, es sei in diesem Satze von Leuten wie Meier, Müller, Huber usw. die Rede. Die Einsicht korrigiert jetzt den Unsinn der Annahme, die Meier etc. seien „Ich-Wesen". Die Einsicht stellt fest, dass in dem angeführten Satze aus „Blut ist ein ganz besonderer Saft" natürlich nicht von Meier, Müller, Huber etc. die Rede ist, sondern von dem Welten-Gott. Es ist ja auch ganz klar, dass nur von dem Schöpfer angenommen werden kann, dass er „innerhalb seiner die Außenwelt erzeugt". Falls die Meier, Müller, Huber etc. ihrerseits Iche sein sollten, so müsste dies die Folge davon sein, dass derjenige, der die „Außenwelt erzeugt", innerhalb dieser Außenwelt auch andere Iche erzeugt.

Die eine zeitlang herrschende Stupidität hatte ihren Grund darin, dass man von dem Autor von „Blut ist ein ganz besonderer Saft" annahm, er sei ein „christlicher Eingeweihter", und dass man der Konvention huldigte, es komme bei einem „christlichen Eingeweihten" nicht so sehr darauf an, dass er unverständliches Zeug daherredet, sondern es komme vorzüglich darauf an, dass die Leser von „Blut ist ein ganz besonderer Saft" von einem „christlichen Eingeweihten" beehrt werden.

Das wird jetzt anders. Zunächst handelt es sich schlicht darum, mit nüchterner sauberer Logik festzuhalten, dass in dem angeführten Satze aus „Blut ist ein ganz besonderer Saft" unmöglich von jemand anderem als von dem Schöpfer die Rede sein kann; denn es wäre wahrhaftig absurd, von irgend einem Meier und Müller anzunehmen, dass er die „Außenwelt erzeugt".

LAMONE, 23. März 1954.

[Handschriftlicher Zusatz:]
Es handelt sich um hier unverändert wiedergegebene briefliche Äußerungen zu reellen Personen.

IV

Man wolle freundlichst zur Kenntnis nehmen, dass der Vortrag „Blut ist ein ganz besonderer Saft" purer Haeckelismus ist. Haeckel gehört zu denen, die die Vorstellung eines Gottes überwunden haben, der unfähig ist, die WELT zu sein. Der Gott Haeckels hat mit dem Gotte Spinozas mindestens so viel gemein, dass er von der Welt nicht verschieden sein kann. Der Theosoph vertieft nun die Weltanschauung Haeckels, indem er diesen darauf aufmerksam macht, dass es den *BEGRIFF der Welt* gibt. Das ist ein Begriff, der sich vom philosophisch verstandenen Begriff bemerkenswert unterscheidet. Während der Begriff „Löwe" ein *Gedanke* ist und z. B. von Thomas von Aquino als wirkende „Form" vorgestellt wird, ist der Begriff „Welt" ein *KÖRPER*, nämlich der Physische Menschenkörper – als Gedanke.

Im Zeichen des Haeckelismus konnte – 1906 – das Ich-Problem nicht mehr im Stil Fichtes behandelt werden. Die stattgefundene Neuorientierung des Ich-Problems kommt in den folgenden Sätzen Rudolf Steiners zum Ausdruck:

Das Ich denkend begreifen heißt die Grundlage schaffen, um alles, was aus dem Ich kommt, allein auf das Ich zu begründen. Das Ich, das sich selbst versteht, kann sich von nichts als von sich selbst abhängig machen. Und es kann niemandem verantwortlich sein als sich. Es erscheint nach diesen Ausführungen fast überflüssig zu sagen, dass mit dem Ich nur das leibhaftige, reale Ich des Einzelnen und nicht ein allgemeines, von diesem abgezogenes gemeint sein kann. Denn ein solches (ein solches Fichte'sches Ich) kann ja nur aus dem realen durch Abstraktion gewonnen sein. (aus R. ST., Der Egoismus in der Philosophie, 1899).

In dem Vortrage „Blut ist ein ganz besonderer Saft" ist nicht von einer Fichte'schen Abstraktion, sondern von dem *leibhaftigen* Ich die Rede. Unter dem leibhaftigen Ich wird das Blut verstanden. Nicht etwa wird das Blut als ein „Ausdruck" oder als der „Leib“ des Ich verstanden, sondern unmittelbar das Blut wird als „leibhaftiges Ich“ verstanden. Jede Möglichkeit einer Trennung von Geist und Körper, oder von Form und Stoff im Sinne des Aristotelismus hört hier auf; hier – beim „leibhaftigen Ich“ – sind Stoff und Form unverschieden. Daher ist der Satz möglich, dass das Blut Gedankenbilder „aufnehme“.

Solche Überlegungen sind unentbehrlich, wenn man im Umgange mit „Blut ist ein ganz besonderer Saft“ nicht stupid danebengetreten sein will.

LAMONE, 24. März 1954

V

Sich das geistige Wesen des Ich als einen *Körper* vorzustellen, erfordert große denkerische Anstrengung und setzt voraus, dass man die Vorurteile überwunden hat, die als Folge des griechisch-abendländischen Gedankens des körperlosen Gottes wirksam sind. Die Idee eines spirituellen Materialismus meint nichts anderes, als – wenn man den Ausdruck tolerieren will: den Gott „Physischer Menschenkörper“. Dieser Physische Gott ist zugleich der BEGRIFF der Welt. Der Begriff der Welt ist als Geist eine körperlich-physische Tatsache.

Wie konträr die Idee eines göttlichen Materialismus den kühnsten Denkern des Abendlandes ist, kann an *Berkeley* ersehen werden. Über ihn heißt es in Rudolf Steiners Darstellung des Zu-sich-selbst-kommens des Ich (Der Egoismus in der Philosophie, 1899):

Einen Mann, dem das schöpferische Wesen des Ich voll zum Bewusstsein gekommen ist, sehen wir in George Berkeley. Er hatte eine deutliche Vorstellung von der eigenen Tätigkeit des Ich beim Zustandekommen aller Erkenntnis. Wenn ich einen Gegenstand sehe, sagte er sich, so bin ich tätig. Ich schaffe mir meine Wahrnehmung. Der Gegenstand einer Wahrnehmung bliebe immer jenseits meines Bewusstseins, er wäre für mich nicht da, wenn ich sein totes Dasein nicht fortwährend durch meine Tätigkeit belebte. Nur diese meine belebende Tätigkeit nehme ich wahr, nicht das, was ihr objektiv als toter Gegenstand vorangeht. Wohin ich immer in meiner Bewusstseinssphäre blicke: überall sehe ich mich selbst als Tätiges, als Schaffendes. In Berkeleys Denken gewinnt das Ich ein universelles Leben. Was weiß ich von einem Sein der Dinge, wenn ich dieses Sein nicht vorstelle?

Aus schaffenden Geistern, die aus sich heraus eine Welt bilden, besteht für Berkeley die Welt. Aber auf dieser Stufe der Erkenntnis trat auch bei ihm wieder das alte Vorurteil auf. Er lässt das Ich sich zwar seine Welt schaffen, aber er gibt ihm nicht zugleich die Kraft, aus sich selbst zu schaffen. Es muss doch wieder eine Gottesvorstellung herhalten. Das schaffende Prinzip im Ich ist Gott, auch bei ihm.

Dieser Philosoph aber zeigt uns eines. Wer sich wirklich in das Wesen des schaffenden Ich versenkt, der kommt aus demselben nicht wieder heraus zu einem äußeren Wesen, es sei denn auf gewaltsame Weise. Und gewaltsam geht Berkeley vor. Er führt, ohne zwingende Notwendigkeit, das Schaffen des Ich auf Gott zurück. Frühere Philosophen entleerten das Ich seines Inhaltes, und dadurch hatten sie für ihren Gott einen solchen. Berkeley tut das nicht. Deshalb vermag er nichts anderes, als neben die schöpferischen Geister noch *einen* besonderen zu setzen, der im Grunde genommen mit ihnen völlig gleichartig, d. h. also doch wohl unnötig ist.

Im Zeichen eines illusionären „Christentums" huldigt Berkeley der abendländischen Idee des körperlosen Gottes, der nicht wagen kann, die Materie zu *sein*. Es gibt für Berkeley keine Körper-Wesenheit, es gibt nur Geister. Die Körper haben ihr Sein in den Vorstellungen der Geister. Die Annahme einer von den vorstellenden Wesen unabhängigen Körperwelt ist irrig. Berkeley vermeint die Geistigkeit der Welt durch einen universellen Immaterialismus sichern zu können. Doch bedeutet sein Phänomenalismus und Idealismus nur das Ausweichen vor der Aufgabe, den falschen Substanzbegriff des Aristoteles zu ersetzen durch den Begriff des Selbstverhältnisses des Gottes Körper. – Man ist im Abendland bis zum Auftreten der Theosophie Rudolf Steiners nicht fähig, die Frage der Körperlichkeit Gottes oder der Göttlichkeit des Körpers sachgemäß zu bilden. Thomas von Aquino bewies logikgläubig, dass der Körper nicht Gott, Gott kein Körper sein könne; und die modernen Physiker haben diese Lehre des großen Doctors der Kirche getreulich übernommen mit ihrem „vorurteilslosen" Trägheitsgesetz, das dem Körper verbietet, in sich selbst den Grund und die Kraft seiner Bewegung zu haben. Bis zur Schöpfung der Anthroposophie gibt es anstelle der rechtmäßigen Frage nach der Geistwesenheit des Körpers nur zwei Verderbnisse des rechten Fragens: Berkeleys universeller Immaterialismus ist die eine Verderbnis der Frage, die andere Verderbnis ist durch den marxistischen Materialismus und die offizielle Philosophie der römischen Kirche repräsentiert und besteht in der Annahme einer *vom menschlichen Bewusstsein unabhängigen* Außenwelt. Lenin,

der ein vortreffliches Buch gegen Berkeley, Avenarius und
Mach geschrieben hat (1908), beantwortet sich die Frage
„Was ist Materialismus?" mit den Sätzen: „Es kommt alles
darauf an, die Außenwelt für unabhängig von Bewusstsein
und Empfindung zu halten. Das aber ist Materialismus." Es
ist nur Zufall, wenn Lenin seine Definition des Materialismus
nicht beim Thomismus abgeschrieben hat, bei dem die Lehre
von der Bewusstseinsunabhängigkeit der Außenwelt – also der
Leninsche „Materialismus" – als christliche Philosophie auftritt.
Die römische Religion ist ebenso wie Lenin aus autoritären
Regierungssorgen beflissen, die rechtmäßige Ausbildung der
Frage der Göttlichkeit des Körpers zu *verhindern*. Käme es
auf Rom und römische Religion an, so wäre es im Namen
des körperlosen Gottes in der Welt verboten, das Geistwesen
des Gottkörpers unter dem *theosophischen* Gesichtspunkte
einer möglichen *Höherentwicklung* der derzeit „normalen"
Bewusstseinsfähigkeit des Menschen zu erfragen. Der katholisch
protegierte Gott soll nicht Neues lernen. Die anthroposophisch
rechtmäßige Frage nach der Geistwesenheit des Körpers setzt
die *Tatsache eines höheren Bewusstseins* voraus. Das „höhere"
Bewusstsein ist das Bewusstsein und Wissen des göttlichen
Menschenkörpers von sich selbst. – Die moderne Philosophie
kaut schwer an der Frage, was überhaupt „Bewusstsein" sei.
Auf die einzig mögliche Antwort, dass „das" Bewusstsein
nur der Gott „Physischer Menschenkörper" sein könne – die
SUBSTANZ als Selbstverhältnis der Welt –, ist man noch nicht
gestoßen. Man zerschwätzt das eitle „Sein" im Stil Heideggers
und begreift nicht, dass an die Stelle des einstmals ehrenwerten
Seinsproblems längst die Frage des Gott-Körpers getreten ist.
Man ignoriert beharrlich das Dasein der anthroposophischen
Theosophie und frägt völlig desorientiert nach dem „Sein
des Bewusstseins" (Schmalenbach, Husserl), ohne unter dem
Eins und Sein des „Bewusstseins" den Gott Menschenkörper

zu erahnen, der als die Gattungswesenheit des Menschen das Wunder vollbringt, Viele zu sein ohne aufzuhören, Einer zu sein. Sehr richtig sagt der prominente Physiker Schrödinger: Bewusstsein sei ein Singular, dessen Plural unbekannt sei. Diesem bemerkenswerten Gedanken kann ein Inhalt erteilt werden: Der Geist-Körper kann es sich als *Körper* leisten, *Teile* zu haben – die körperlichen Einzelmenschen –, ohne aufzuhören, als die Teile – die körperlichen Einzelmenschen – Er selbst und Einer zu sein, nämlich Ich. Wo das Wunder geschieht, dass „Ich" gesagt wird, da wird das Wunder unmittelbar von der menschlichen Gattungswesenheit vollbracht. Es ist der folgenschwerste Irrtum, zu wähnen, die Einzelmenschen wären von sich aus in der Lage, „Ich" zu sagen. Alle „Ich"-Sagenden bekräftigen den *Singular* „Bewusstsein". Und wenn die Welt überhaupt Bewusstsein, Geist und Ich sein sollte, dann deswegen, weil sich der physische Weltvorgang in der SEELE der menschlichen Gattungswesenheit (= Weltseele = Ich) abspielt. Dass das ewig unteilbare „Bewusstsein" *Teile* hat, entsprechend der Vielzahl menschlicher Individuen, ist eine harte Zumutung für perfekte Logiker. Die anspruchsvollen Logiker sollten sich nur klar sein, dass sie – sogar als moderne Physiker – noch immer an das dreizehnte Jahrhundert des Thomas von Aquino gefesselt sind, der sich die Unkörperlichkeit Gottes (wir sagen anstatt Gott: Bewusstsein) mit der Überlegung beweist: Da Gott, wenn er ein Körper wäre, *Teile* hätte, kann er kein Körper sein, denn der Gedanke, Gott könne Teile haben, sei für perfekte Logiker des 13. Jahrhunderts unannehmbar.

Als Schüler der Theosophie und Anthroposophie kann ich auf eine in die Tiefe und Breite zielende Fundamentalorientierung über den Ausgang und die Vollendung der abendländischen Philosophie nicht verzichten, wenn ich mich bereit machen will, den Text von „Blut ist ein ganz besonderer Saft" mit

Verstand zu lesen. Man kann nun an das positive Verständnis des Ich bei Berkeley anknüpfen und die Frage aufwerfen: Wie gelangt man von der Weltanschauung Berkeleys aus zu Vorstellungen über die Denkmöglichkeit einer Theosophie und Anthroposophie? Dazu kann gesagt werden: Indem das Ich (oder meinetwegen: der Ich) als Einzelmensch die leibhafte „menschliche Gattungswesenheit" ist, bewahrheitet sich die These: „Die physische Welt ist Ich, ich bin die physische Welt", und erfüllt sich das Ideal: „Ich schaffe mir meine Wahrnehmung". Die anthroposophische Wahrnehmungs- und Sinneslehre (siehe: Anthroposophie, ein Fragment aus dem Jahre 1910) genügt der Forderung, dass *die Welt* als das Subjekt und der Aktor der Sinnestätigkeit zu respektieren ist, und dass *die Welt* als Person und Ich es ist, die sich in der Sinneswahrnehmung selbst wahrnimmt. (Fußnote: Dass der Gedanke des Erkenntnissubjektes „Welt" gut vorbereitet ist, zeige ich in Anknüpfung an Richard Avenarius und G. G. Jung in der ten Übung.) Man hat es in der theosophisch verstandenen Sinneswahrnehmung nicht mit Subjekt und Objekt zu tun, sondern mit einem Selbstverhältnis der *Welt*. – Das Buch „Theosophie" (1904) vollzieht endgültig den Bruch mit der Konvention: Subjekt des menschlichen Wahrnehmens sei nicht die „menschliche Gattungswesenheit", sondern unmittelbar der natürliche Einzelmensch. Wenn ich sehe, rieche oder höre, so bin ich *als Teilnehmer* eingeschaltet in die Wahrnehmungstätigkeit der „menschlichen Gattungswesenheit". Die theosophisch verstandene Wahrnehmung liefert *Erkenntnis* – und somit wird auch jene andere Konvention liquidiert, die das „Erkennen" dem „Denken" vorbehält und der Wahrnehmung als solcher den Erkenntnischarakter abspricht. Das von Platon herkommende Misstrauen gegenüber dem „bloß" sinnlich Erfahrenen ist nur möglich in einer Welt des prinzipiell körperlosen Gottes. Mit der Assistenz Kants wurden unmögliche Vorstellungen über die

Natur der Dinge ausgebildet: die Dinge sollen zusammengesetzt sein aus den zwei wurzelverschiedenen Bestandteilen Materie und Geist. Für den Schöpfer der „Theosophie“ sind die wahrgenommenen natürlichen Körperdinge von durchaus einheitlicher Wesensnatur – wie das leibhafte Ich selber, das in sich von seinen geistigen Zuständen in sinnenfällige Zustände „*übergeht*“. Das theosophisch verstandene Ich könnte seine Aufgabe, die Dinge zu *sein* (Die Welt ist Ich, ich bin die Welt) nicht erfüllen, wenn die Dinge nicht die gleiche Natur hätten wie das leibhafte Ich. Die Belehrung des Buches „Theosophie“ über die Natur der Dinge lautet:

> Wie ein Stück Eis, das auf dem Wasser schwimmt, Stoff ist des umgebenden Wassers, aber sich von diesem durch gewisse Eigenschaften abhebt, so sind die Sinnendinge Stoff der sie umgebenden Seelen- und Geisterwelt; und sie heben sich von diesen durch gewisse Eigenschaften ab, die sie sinnlich wahrnehmbar machen. Sie sind – halb bildlich gesprochen – verdichtete Geist- und Seelengebilde; und die Verdichtung bewirkt, dass die Sinne sich von ihnen Kenntnis verschaffen können. Ja, wie das Eis nur eine *Form* ist, in der das Wasser existiert, so sind die Sinnendinge nur eine Form, in der die Seelen- und Geistwesen existieren. Hat man das begriffen, so fasst man auch, dass wie Wasser in Eis, so die Geist- in die Seelenwesen und diese in die Sinnenwelt übergehen können.

„Übergehen“! Geistig-Seelisches geht über in Sinnenfälliges – „wie Wasser in Eis übergeht“! Wer einigermaßen mit dem Entwicklungsgang der Philosophie vertraut ist, wird erschüttert sein können von dem vor fünfzig Jahren in dem Buche „Theosophie“ aufgetretenen Begriffe des „Übergehens“. Man muss ihn zur Kenntnis genommen haben, um der Gefahr enthoben zu sein, vermuten zu müssen, es würden „Geschichten erzählt“, wenn in „Blut ist ein ganz besonderer Saft“ von der Aufnahme von Gedankenbildern durch das Blut die Rede ist. Wer als normaler Intellektueller redlich genug ist, die Zumutung, das Blut nehme Gedankenbilder auf, entrüstet als Unsinn abzuweisen, der wäre gerade in der rechten Verfassung, um sich seinen alten Vorstellungsbesitz durch den erregenden Gedanken des „Übergehens“ bereichern zu lassen. Lässt er sich die Bereicherung gefallen, so wird er leicht und schnell bemerken, dass in der Theosophie der Boden der Philosophie und Metaphysik verlassen ist. Das Kontinuitätsverhältnis zwischen Theosophie und Philosophie ist nicht ganz leicht zu durchschauen. Nach dem Buche „Theosophie“ sind die natürlichen physischen Dinge Teile des Bewusstseins der Welt. Es ist ganz klar, dass es philosophisch ebenso unmöglich ist, die Welt als Subjekt des Bewusstseins zu haben, wie es einer besonnenen Philosophie unmöglich ist, körperlich Ausge-dehntes als Teil des Bewusstseins vorzustellen. Der Philosoph kann die Ideen des Buches „Theosophie“ nur dann ernst-haft denken, wenn er Neues gelernt hat und fähig ist, sein Philosophentum gründlich zu vergessen, um den Weg eines schlechthinigen Neubeginns des Wissens zu beschreiten. Es ist eine harte Zumutung an den Philosophen, er solle die illusorische Nichtigkeit seines Weltverständnisses einsehen. Die Philosophen werden noch sehr lange sich dieser Zumutung nicht unterwerfen, sie werden im Gegenteil die Unmöglichkeit der Theosophie und Mystik beweisen. Oder wenn die Philo-sophen zufällig Anthroposophen sind, werden sie in der beson-deren Art ihres Theosophieverständnisses dokumentieren, dass sie noch nicht in der Verfassung sind, dieses und jenes *ernst* zu nehmen. – Indem die Philosophen Kenntnis nehmen von der in der „Theosophie“ beschriebenen Ich-Natur der Dinge (in den Dingen handelt der Ich sein „Übergehen“ aus seinen geistigen in sinnenfällige Zustände), werden sie von einer Verpflichtung entlastet, die sie sich irrtümlich auferlegen. Die Philosophen behaupten eine unvermeidliche Subjekt-Objekt-Korrelation, d. h. sie nehmen von den Dingen als Objekten an, es könne kein Objekt geben ohne das notwendig dazu gehörige Subjekt, *für* welches das Ding Objekt ist. Die Dinge der Welt wären somit, um zu existieren, darauf angewiesen, dass sich sorgende Philosophen vor sie hinstellen; die freundliche Nachhilfe der Philosophen wäre für den Aufbau der Welt unentbehrlich, weil die Ding-Objekte, um ins Sein zu treten, die korrelativen Subjekte der Philosophen benötigen. Das Studium des Buches „Theosophie" und dessen Aufklärung über die theosophische Natur der Dinge (in denen der Ich und MENSCH als Einer „übergeht" aus seinen geistigen in sinnenfällige Zustände) wird die Philosophen zur Preisgabe der Ansicht anregen können: die Dinge der Welt, um sein zu können, seien darauf angewiesen, dass sich Philosophen vor sie hinstellen. Das Studium der Theosophie wird zur Einsicht in die Entbehrlichkeit der Herren Philosophen beim Aufbau der Welt führen können. Die philosophierende „Gruppenseele", mit der ich mich anderwärts befasste, beweist sich vorerst ihre Unentbehrlichkeit; die Herren bekunden ihre kosmologische Hilfsbereitschaft, indem sie sich schlicht als „Mitschöpfer" vorstellen. Das rührende Missverständnis hat seinen Grund darin, dass man noch nicht in der Lage ist, die theosophische Erkenntnistheorie Carl Ungers ernst zu nehmen. Ich gestatte mir die Unfreundlichkeit, einige Sätze der Gruppenseele anzuführen (aus: Die Wiedergeburt der Erkenntnis, von Dr. Hans Erhard Lauer, im Novalis-Verlag, Freiburg i. Br. 1946): „Das Werden der Welt kommt ohne unser Erkennen nur bis zu einem gewissen Punkte und findet dann seinen Fortgang in dem Schaffen, das wir im Erkennen betätigen. Wir wachsen mit unserem Erkennen in den Weltprozess als Mitschöpfer hinein." Der Produzent dieses Unfugs hatte das Bedürfnis, nebenbei dem Thomismus eine philosophische Aufklärung über Anthroposophie zu verabreichen. Hier ist sie: „Damals [gemeint: im Mittelalter] empfing der Mensch, wie wir gezeigt haben, nicht nur die Erscheinung, sondern auch das Wesen der Dinge aus der Welt. Die erstere durch seine Sinne, das letztere durch seinen tätigen Verstand. Heute empfängt er nur mehr die Erscheinung von außen, das Wesen bringt er aus sich selbst hervor. Mit diesem Unterschied hängt aber der andere zusammen, auf den wir bereits hinwiesen: Weil der mittelalterliche Mensch Erscheinung und Wesen aus der Welt empfing, darum bildete er im Erkennen bloß ein Sein nach, das außer ihm schon vorhanden war. Der moderne Mensch dagegen, weil er aus der Welt nur die Erscheinung empfängt, das Wesen aber schöpferisch zu ihr hinzufügt, vervollständigt im Erkennen ein *halbes* Sein zu einem ganzen." Ich finde es belustigend, mir den Verfasser dieses Unsinns in der Situation vorzustellen, wie er im Vortragssaale der Schreinerei Rudolf Steiner begegnet. Zunächst hat Herr Dr. L. in dem sinnlich wahrgenommenen Rudolf Steiner nur eine *halbe* Wirklichkeit vor sich, nur die Erscheinung; und nun verhilft er Rudolf Steiner zum *ganzen* Sein und zur ganzen Wirklichkeit, indem er schöpferisch aus sich selbst das Wesen Rudolf Steiners hervorbringt, damit durch die freundliche Gunst der „Gruppenseele" Rudolf Steiner ein *ganzer* Rudolf Steiner sein kann. – Solche Sondierungen erscheinen mir nicht überflüssig, wenn es sich darum handelt, den Blick frei zu machen für den Text von „Blut ist ein ganz besonderer Saft" im Verein mit soliden Vorstellungen über die Denkmöglichkeit einer Theosophie und Anthroposophie. Ich darf der Gruppenseele den Gedanken offerieren, dass die „Philosophie der Freiheit" nicht akademisch, sondern als Theosophie zu lesen ist: Nur bei einem Erkennen, dessen Subjekt die *Welt* wäre, wäre die monistische These, der Erkenner

habe die Dinge als das Ineinander von Wahrnehmung und
Begriff als absolute Wirklichkeit gegenwärtig, *kein* Unsinn.

Wenn in dieser Frage die Erwartung enthalten
sein sollte, die Antwort werde der Name einer
Person sein, so wäre die Frage spirituell unzulänig.
Bestimmte Antworten kann man <u>rechtmäßig</u> von
einem zu hören bekommen; man kann sie sich
höchstens selbst erteilen.
~~Apropos~~ Nebenbei: Versuchen Sie doch, die Begriffe „Geist der Erde"
und „~~Inneres~~ Das Innere der Erde" als gleichbedeutende
Begriffe zu nehmen — im Zusammenhang mit
dem Vortrage über das Erdinnere

Der Erdkern als die Fähigkeit des ~~Erz~~ Erbösen —
der „Geist der Erde" der, der das Erzböse in ein
Erzgutes verwandelt. „Gott ist die Liebe"; — —
Nein, Gott ist böse, und ~~das~~ seine Kraft, das
Böse in ein Gutes umzubilden.

Der Erdkern als der „Geist der Erde" erzböse — und die Kraft,
die erzböse Ich-Kraft in ein Erzgutes zu verwandeln

Wenn in dieser Frage die Erwartung enthalten sein sollte, die Antwort werde der Name einer Person sein, so wäre die Frage spirituell unzulässig. Bestimmte Antworten kann man rechtmäßig niemals von außen zu hören bekommen; man kann sie sich höchstens selbst erteilen.

Nebenbei: Versuchen Sie doch, die beiden Begriffe „Geist der Erde" und „Das Innere der Erde" als gleichbedeutende Begriffe zu nehmen – im Zusammenhang mit dem Vortrage über das Erdinnere

Der Erdkern als die Fähigkeit des Erzbösen – der „Geist der Erde" der, der das Erzböse in ein Erzgutes verwandelt. „Gott ist die Liebe." – – –

Nein, Gott ist böse, und das höchste Göttliche ist seine Kraft, das Böse in ein Gutes umzubilden

Der Erdkern als der „Geist der Erde" erzböse – und die Kraft, die erzböse Ich-Kraft in ein Erzgutes zu verwandeln.

Der Begriff der „spirituellen Materialismus"
stellt ~~anthroposoph~~ Zumutungen – –

Es fällt dem Menschen der chr. ab. K unendlich schwer
Es muss dem Menschen der christlich-abendländischen
Kulturkreises (~~ihrer~~ notwendig) fallen, sich den TOD als
den Schöpfer des Menschen vorzustellen. Auch wenn
die christlichen Abendländer Anthroposophen sind,
~~haben~~ sie zunächst wenig Geschmack an der
anthroposophischen Notwendigkeit, das von der
Theologie als Gott – „Vater" bezeichnete Wesen als
den Tod zu wissen. ... 8, 13, 4 : „Der Tod ist
der Vater". ebendort: „So wie – –

<u>Vor</u> dem Schlaf-Zustand

Das Blut ist der Ausdruck für das „Ich"
S. 46

Was ist „Ich"?
Bei Meier, Müller oder bei mir ist „Ich" ein (mein)
Körper, so oft er <u>lebt</u>. Dieses „Ich" bei Meier,
Müller oder bei mir ist als Selbstbezeichnung des
Genannten : nicht als eine arrogante
Illusion. Ich müsste nicht als <u>lebender</u>
Körper, ~~„Ich" sagen~~ sondern als <u>Toter</u> Körper
„Ich" sagen können, um in Wirklichkeit
und Wahrheit „Ich" zu sagen.

Der Begriff des „spirituellen Materialismus" stellt unliebsame Zumutungen – –

Es fällt den Menschen der christlich abendländischen Kultur unendlich schwer

Es muss den Menschen des christlich-abendländischen Kulturkreises notwendig schwer fallen, sich den TOD als den Schöpfer der Menschen vorzustellen. Auch wenn die christlichen Abendländler Anthroposophen sind, finden sie zunächst wenig Geschmack an der anthroposophischen Notwendigkeit, das von der Theologie als Gott-„Vater" bezeichnete Wesen als den Tod zu wissen. Zyklus 8, 13, 4: *Der Tod ist der Vater*. ebenda vorher: „So wie – – –

Vor dem Saturn-Zustand

———

Das Blut ist der Ausdruck für das „Ich"

S. 46

Was ist „Ich"?

Bei Meier, Müller oder bei mir ist „Ich" ein (mein) Körper, sofern er *lebt*. Dieses „Ich" bei Meier, Müller oder bei mir ist als Selbstbezeichnung des Genannten: nichts als eine arrogante Illusion. Ich müsste nicht als *lebender* Körper, sondern als *toter* Körper „Ich" sagen können, um in Wirklichkeit und Wahrheit „Ich" zu sagen.

Blut ist ein ganz besonderer Saft

Oben und unten

Darwin – Haeckel betrachten den
Unterschied in der _Zeit_

Dagegen: der Unterschied als
räumliches Nebeneinander

Blut ist ein ganz besonderer Saft

Oben und unten

Darwin-Haeckel betrachten den Unterschied in der *Zeit*

Dagegen: der Unterschied als *räumliches* Nebeneinander

[Notiz]

Das Blut gehört zum Herzen

Bewegung *vom* Herzen durch den Körper und wieder zurück *zum* Herzen.

F. K. bewegt Sich *im Blut* vom Herzen durch den Körper u. wieder zurück zum Herzen.

Das rinnende Blut ein Bild der *Beweglichkeit* des Bewusstseins des Geistesforschers.

Eine Zentralidee des 20. Jahrhunderts (1950)

Die erzieherischen Töne aus Helvetien, die nach 1945 über den Rhein drangen, waren nicht immer unbedingt echt. Die erzieherische Berufung der Schweizer brauchte nicht ohne weiteres der Menge der Liebesgabenpakete proportional zu sein. Auf der Ebene des menschlich Geistigen herrschen besondere Gesetze, denen mit amerikanischer Demokratiebegeisterung nicht zu genügen ist. Die Schweizer lieben es, den Deutschen ihre Blamage vorzuhalten. Wir sind in der Lage, den Schweizern umgekehrt einmal ihre eigene Blamage vorzuhalten: Als der römisch orientierte schweizerische Bundesrat Motta verhinderte, dass Rudolf Steiner ins schweizerische Bürgerrecht aufgenommen wurde, da besorgte er den Schweizern ihre größte weltgeschichtliche Blamage. Daran sollte man ab und zu in Helvetien denken, wenn man sich in der gönnerhaften Rolle von Erziehern der Deutschen gefällt.

Übrigens gibt es in der Schweiz genügend Einsichtige, die noch längst nicht alles, was sich offiziös spreizt und offiziell aufspielt, für echt halten. Es gibt in der Schweiz zahlreiche Intelligente, die es z. B. bedauern, dass die hysterischen Liebhabereien des weltberühmten „Tiefenpsychologen" C. G. Jung als *schweizerische* Intelligenzproduktionen in die Welt gingen. Der Zürcher Seelenarzt Jung ist ein Paradigma für die zynische Methode, mit den Mysterien der Seele fertig zu werden. Diese Leute von der Art Jungs wollen berufsmäßige Entzauberer sein, sie fühlen sich berufen, das in Mythen und Religionen schwach nachklingende Weltmysterium zu ernüchtern und zu verseldwylern; sie reduzieren das Problem der Weltseele auf die Erfolgs-, Berufs- und Geldsorgen von Herren Kümmerli und Häberli, wobei sie in schlechtem Priesterstil mit den Requisiten des Mythos und der Religion unterhaltsames Allotria treiben. Es gibt (in den Mitteilungen der Geisteswissenschaft) eine beiläufige Charakteristik der Heilpraxis des Zürcher Doktors Jung, eine psychologische Röntgenaufnahme, die das methodische Prinzip Jungs zeigt: Lüge dir vor, dass es den Gott gibt, und du wirst gesund. – Diese Methode Jungs ist wenig originell und nicht neu, denn die zynischen Möglichkeiten der Philosophie des Als ob wurden längst erschöpfend von H. Vaihinger aufgezeigt. Bei Kriegsende gab Prof. Jung seine pseudokatholischen Ansichten über die Kollektivschuld zum besten, ein Gemisch von unverstandener Theologie und „Tiefenpsychologie". Dabei widerfuhr ihm, als er den Deutschen das totalitäre Schuldbekenntnis abforderte, ein fröhlicher Betriebsunfall. Er behauptete nämlich, bildlich gesprochen, der Durst bewirke die Löschung des Durstes. „Aus der ehrlichen Sündenzerknirschung erwächst die göttliche Gnade, das ist nicht nur eine religiöse, sondern auch eine psychologische Wahrheit", sagte Dr. Jung in einem der zu jener Zeit üblichen feierlichen Interviews. Aber es ist natürlich keineswegs eine religiöse, sondern wirklich nur eine Jungsche „psychologische" Wahrheit, dass der Durst die Ursache für die Löschung des Durstes ist. Die christliche Theologie ist vielmehr bekanntlich der Ansicht, dass Gottes *freie* Gnade gerade *nicht* von den Sündern kausiert wird. Aber für den Professor Jung, der nur den Als-ob-Gott kennt, fällt die Ursache der Gnade eo ipso in die „Psychologie" der Meier, Huber und Schuster. Das war der fröhliche und versöhnlich wirkende Betriebsunfall des randalierenden Professors Jung. Nach der Logik Prof. Jungs, wonach auf die Sündenzerknirschung in natürlichem Ablaufe die göttliche Gnade folgen müsse, könnte einer behaupten: aus dem finanziellen Bankerott erwachse naturhaft die Sanierung. Aber von solchem Wunder ist nichts bekannt.

*

Einen wohltuenden Gegensatz zur pseudokatholischen Über-heblichkeit des Professors C. G. Jung bildet es, wenn ein ge-schulter Schweizer Katholik in sachhaltigen und korrekten Ausführungen zu einer Zentralidee der „deutschen Frage" Stellung nimmt. In einem bemerkenswerten Aufsatze über „Reinkarnation und katholischer Glaube" (in: SCHWEIZER RUNDSCHAU, Juni 1947) legt Dr. Gebhard Frei die tragisch anmutende Situation dar, die es dem katholischen Theologen verunmöglicht, die Wiederverkörperung des Menschengeistes zu bejahen. Die in der Schweiz während des Krieges gepflegte Abwehrstimmung gegen die Feinde der abendländischen Tradition mag dazu beigetragen haben, dass von katholischer Seite Stellungnahmen zur Geisteswissenschaft möglich wurden, die nicht mehr à tout prix feindselig, sondern sachhaltig sind.

Ich empfinde einen tragischen Unterton in den korrekten Gedanken des Theologen Dr. Gebhard Frei, die ihn eine Zentralidee des 20. Jahrhunderts doch nur wie eine orientali-sierende Liebhaberei sehen lassen, weil er nicht weiß, dass die moderne Geisteswissenschaft als Anthroposophie nur deswe-gen über Reinkarnation sprechen muss, weil sie „Anschauung von Schöpfung" ist. Dr. Frei will sich den Nachweis, dass „Reinkarnationsglaube und katholischer Glaube sich nicht zur Deckung bringen lassen", nicht leicht machen: „Öfters – sagt Dr. Frei – begegnet es katholischem Denken, dass es, vom Glauben her erleuchtet, sich die Arbeit auf der Vernunftebene recht leicht macht. Mit einer Handbewegung glaubt man die gegenteilige Anschauung widerlegen zu können. Dies wirkt sich im Gespräch mit jenen Menschen, die nicht im Glauben beheimatet sind, verhängnisvoll aus. Sie fühlen sich nicht ernst genommen, geschweige dass unsere 'Gegenbeweise', deren Schwäche sie spüren, ihnen überzeugend schienen.

Es dürfte deswegen heilsam, ja notwendig sein, die eigenen Vernunftbeweise gegen die Reinkarnationslehre einmal kritisch zu betrachten."

Dr. Frei fühlt sich verpflichtet, auf einen bekannten katholischen Denker hinzuweisen, der zugesteht, dass die Abweisung der Reinkarnationslehre durch die Vernunft *nicht* gefordert sei. Dieser katholische Denker ist der Kardinal Mercier, der – nach Dr. Frei – in seiner berühmten Psychologie „von jener Form der Reinkarnationslehre, die ein Weiterwandern der individuellen Seele von Körper zu Körper mit einem Endpunkt in der Reihe der Wanderungen behauptet", sage: „Was diese Annahme betrifft, so sehen wir nicht, dass die Vernunft, sich selbst überlassen, sie als unmöglich erklärte, nicht einmal mit Sicherheit als falsch." Das ist ein interessantes Zugeständnis des gelehrten Kardinals. Dagegen stimmt uns die Bemerkung, die Dr. Frei an dieses Zugeständnis knüpft, traurig. Dr. Frei meint: „Selbst dieser Meister neuscholastischer Philosophie [Mercier] hält es also nicht für vernunftwidrig, dass die Seele ein anderes *Stück Materie informieren* könnte." An dieser Stelle zeigt sich die Differenz der anthroposophischen Anschauung von Schöpfung gegenüber der katholischen *Nicht*-Anschauung von Schöpfung. Innerhalb der anthroposophischen Anschauung von Schöpfung ist es Blasphemie, die Neuverkörperung eines „Geistesmenschen" mit „Information eines Stückes Materie" gleichzusetzen. Das „Stück Materie", der LEIB also, den der Geistesmensch „informiert", ist ja in gewisser Hinsicht Gott selbst, eine der unendlichen Wiederholungen seiner selbst, die der „Urmensch" und Schöpfer seinen geistigen Menschenbrüdern zur Inkorporation zur Verfügung stellt. Das „Stück Materie", von dem der katholische Theologe treugriechisch spricht, ist seinem Wesen nach das geistige Juwel des Universums: in ewigem Werden der ewig sich selbst gleiche LEIB. Es ist sehr ernst zu nehmen, wenn die Geisteswissenschaft sagt, dass es keine Möglichkeit gibt, zum Begriffe des *Geistes* zu kommen ohne Verständnis der Wiederverkörperung. Unter Geist versteht die Geisteswissenschaft im Kern den aus dem Tode *leiblich* auferstandenen „Urmenschen", den *Schöpfer* des Menschen. Die Reinkarnationslehre der Geisteswissenschaft ist nicht aus dem Orient entlehnt. Das wäre auch ganz unmöglich, denn dem Orient ist der Schöpfer unbekannt, an den im Alten und Neuen Testament geglaubt wird. Die Reinkarnationslehre der Geisteswissenschaft ist ein Teil jener Testamentsvollstreckung am Christentum, die den Glauben an die Schöpfung zur „Anschauung der Schöpfung" erhebt.

Dr. Frei darf mit unserer vollen Zustimmung rechnen, wenn er den folgenden Gedanken ausführt: Es dränge schließlich den Menschengeist, die Reinkarnationsfrage auch metaphysisch zu Ende zu denken, „und da kann auch der Anhänger der Reinkarnation dem Problem nicht aus dem Wege gehen: woher sind denn letztlich diese Seelen, die von Körper zu Körper wandern? Sich nur ausschweigen, wie es meistens geschieht, ist keine Antwort. Die meisten neigen, im Anschluss an östliches Denken, zu irgendeiner Form der Emanationslehre, also zu einem Pantheismus. Wenn die logisch einzig mögliche Antwort aber gewählt wird, die des Schöpfungsgedankens, dann sieht man nicht ein, warum Gott nicht bei *jeder* Zeugung unmittelbar die individuelle Seele schafft. Diese Antwort mutet dem Menschengeist nicht mehr Dunkel zu, als es die Seelenwanderungslehre tut. Muss doch die wandernde Seele unter den ungezählten Zeugungen der Erde, unter den Millionen Spermatozoen, gerade jenen Fall 'ausfindig machen', der auf ihr inneres Karma zugeschnitten ist."

Woher sind letztlich diese Seelen? – Es darf zugegeben werden, dass unter den Anhängern der Reinkarnationslehre die Weltanschauungsnuance des Monadismus stark ausgebildet ist. Auch bedeutet es für die Erben der deutschen Ich-Philosophie eine starke Zumutung, unter dem sich selbst ins Dasein setzenden „Ich" zugleich eine Schöpfung des Schöpfers des Menschen zu verstehen. Aber die Selbsterschaffung der Einzelseele – im Denken – ist in der Tat ihr Geschaffensein, denn der Akt der Selbsterschaffung gründet *notwendig* in der Erkenntnis des transzendenten göttlichen ICH. Es besteht also geisteswissenschaftlich keine Schwierigkeit, das stolze Pochen auf die Präexistenz der Seelen zu ergänzen durch die geisteswissenschaftlich wohlfundierte Anerkenntnis des Geschaffenseins des „Ich". Man darf sich unter diesem Geschaffensein ein übend zu erringendes Können vorstellen, das den Menschen möglich und erreichbar ist, weil sie nach dem Bilde ihres Schöpfers, des „Urmenschen", als selbstschöpferische „Iche" erschaffen sind.

Den katholischen Gelehrten, die über eine strenge Zucht des Denkens verfügen, sollte es eigentlich nicht schwer fallen, aus Dr. Carl Ungers „Das Ich und das Wesen des Menschen" (in dem Bändchen: Die Grundlehren der Geisteswissenschaft) zu entnehmen, dass Geisteswissenschaft nicht nötig hat, beim östlichen Pantheismus Anleihen zu machen. – Man kann jetzt wissen, dass der deutsche Pantheismus der Klassiker, den Heinrich Heine als die heimliche Religion der Deutschen erkannte, doch nur das Übungsgelände war, auf dem die *Überwindung* des Pantheismus vorbereitet wurde. Will man jetzt im 20. Jahrhundert vom Geiste und seiner Gegenwart nicht mehr bloß *historisch* sprechen, so hat man aus der

„Anschauung der Schöpfung" und *daher* von der Reinkarnation der menschlichen Seelengeister zu sprechen.

K. B.

Nachwort der Herausgeber

Zwischen dem letzten, nicht mehr abgeschickten Brief von Karl Ballmer an *Gerhard Kienle*, also der Beendigung des *Briefwechsels über die motorischen Nerven* am 5. März 1953, und dem ersten der *Elf Briefe über Wiederverkörperung* am 8. Mai 1953 liegen nur wenige Wochen. Der Druck der erstgenannten Broschüre dürfte kaum abgeschlossen gewesen sein, da fiel es bereits *Hans Erhard Lauer* zu, Adressat für eine Fortsetzung des „Experimentes" zu sein, von dem es am 31. März 1953 in einem Brief an Claude Richard Stange geheißen hatte:

> „Ich bin dabei, per Experiment herauszubekommen, ob die philosophierende anthroposophische 'Gruppenseele' der Lauer, Büchenbacher etc. endgültig unheilbar ist. Ende April werde ich Ihnen eine Broschüre (150 Seiten) vorlegen können: 'Briefwechsel über die motorischen Nerven' (zwischen K. B. und Dr. Poppelbaum und einem Tübinger Dr. Kienle). Ich lasse vierhundert Exemplare auf eigene Kosten drucken, und werde dann Gelegenheit haben, festzustellen, ob meine Hoffnung eine Illusion war."

Das „Experiment" reicht selbstredend über Ballmers irdische „Gelegenheiten" hinaus, hinaus auch über die jubiläumsträchtige Gegenwart der anthroposophischen Bewegung. Seine erste Sequenz ist der Körperbewegung, der Sicht auf die einheitliche Natur des Nervensystems gewidmet. Im Zentrum steht die Analyse bzw. die Polemik gegen das Paradigma „natürlicher Einzelmensch", Leitbild der Humanphysiologie, der Humanwissenschaften allgemein. Es gilt zu entdecken, so eine Notiz von 1954, „dass und wie die These Rudolf Steiners: 'es gibt keine ›motorischen‹ Nerven' der Angelpunkt seiner Gesamtweltanschauung ist."

Der zweite Teil des Experiments setzt die Begriffsklärung um den „Willen" fort, hier in Gestalt des *aktualen* Schöpfers, der seine Geschöpfe, die Geistmenschen, als „Untermieter" in *sich selbst* (als der Weltseele oder Menschengattung) einkörpert, diese als geschöpfliche (sekundäre) Subjekte *in Szene setzt* – im Sinne des Grundgedankens: die Menschen werden vom Kosmos *gedacht*. Von dem „persönlichen Weltall", (vgl. Ballmers Schrift *Deutsche Physik – von einem Schweizer*) geht der „Wille" aus, welcher dem Tagesbewusstsein der Erdenmenschen zunächst völlig unzugänglich ist: er ist der Regisseur des Schicksals, aber auch das physiologische Agens im Stoffwechsel-/Gliedmaßensystem. Im heutigen Komplex der Natur- und Sozialwissenschaften ist dieser „Wille" zwangsläufig „ein Wort ohne allen Inhalt". Rudolf Steiner beschreibt diesen paradoxen Sachverhalt in den *Anthroposophischen Leitsätzen* (41 und 42):

> „Erfasst man hinter der in Naturgesetzen lebenden Menschenorganisation die im Geistigen webende Menschenwesenheit, so hat man in *dieser* ein Gebiet, in dem man das Wirken des Willens gewahr werden kann. Gegenüber dem Sinnesgebiet bleibt der menschliche Wille ein Wort ohne allen Inhalt. Und wer ihn in diesem Gebiet erfassen will, der verlässt im Erkennen das wahre Wesen des Willens und setzt etwas anderes an dessen Stelle. (…) Erst wenn man dieses Wesen gewahr geworden ist, steht man mit seinem Begreifen in einer Weltsphäre darinnen, in der das Schicksal (Karma) wirkt."

Das Selbstopfer – in Ballmers Diktion: die Entkörperung – des Gattungs- oder Urmenschen ist die existenzielle Voraussetzung für Verkörperung, im physikalisch-physiologischen Sinne. Die dem Schöpfer ranggleichen Geistmenschen erfahren bzw. erleiden Ein-körperungen; als „sekundäre Subjekte" nehmen sie zeitweise Wohnung im physischen Gattungskörper, welcher je und je eine Sequenz der Erinnerung des Entkörperten, des Ur-Menschen ist. Die (ihrer selbst unbewussten) Geistmenschen sind ihrem entkörperten Schöpfer indessen ranggleich, denn, so Ballmer: „die Meier-Müller-Geister könnten [dereinst, als selbständig-bewusst-gewordene] den Gott nicht lieben, wenn sie ihm nicht *gegenüber* stehen könnten." (Siehe S. 102.) Vor diesem Hintergrund führt Ballmer den Gedankenfaden von der Physiologie der (welthaften) Sinnestätigkeit – zu welcher der Sinn für die Bewegung des eigenen Leibes gehört – auf das Feld der Verkörperung bzw. Wieder-Verkörperung. Hier wie dort richtet sich der ganze Impetus darauf, die geistes-wissenschaftlichen Grundlagen herauszuarbeiten. Im eigenen Buchexemplar der *Elf Briefe* notiert Ballmer einen Hin-weis betreffend die „Aufeinanderfolge physischer Leiber der Menscheninkarnationen". Diese prägnante Formulierung Steiners (vgl. GA 136, S. 133) lässt den unversöhnlichen Ge-gensatz zu gängigen Reinkarnationslehren ins Auge sprin-gen: „Der Anthroposoph sollte mit solchen Dingen schon etwas anzufangen wissen, denn er weiß ja, dass zum Beispiel tatsächlich die *Aufeinanderfolge physischer Leiber der Men-scheninkarnationen* in gewisser Beziehung von der Kraft-seite her auch ein Ganzes bildet und doch physisch nicht zusammenhängt." – Die Aufeinanderfolge als Ganzes – Ballmer schärft die Sicht auf die anthroposophische Konzeption von Wiederkörperung vor dem Hintergrund der „Körperung" (Weltschöpfung) schlechthin: „Dass es im Orient und bei europäischen Liebhabern die 'Idee' der Wiederverkörperung gab und gibt, davon wird die Wirklichkeit ebensowenig berührt wie von andern Wunschträumen."

Dass Welt und Mensch *keine Gegensätze* seien und sich die Weltseele in der Evolution von Natur und Menschenform manifestiert – diese Klarstellung ist Kern des Experiments, aus welchem die Konturen des anthroposophischen „Monismus" hervorgehen. Den Gegenpol dazu bildet die Tradition des klerikalen Christentums mit seiner Gegensetzung Gott/Mensch, dem verdeckten Fundament des Dualismus Welt/Mensch. Dieser Gegensatz liegt allen Versionen des Materialismus zugrunde, er ist die Essenz der „akademischen Gruppenseele": die Fehleinschätzung des Potenzials, das sich hinter den Menschenexemplaren als dem Experimentierfeld des welthaften Geistes verbirgt. Vor diesem expliziten Hintergrund handelt der Autor Ballmer weniger als bürgerlicher „Schriftsteller" denn als physikalisches *Agens* in einem Geschehen, das sich konsequenterweise vom bloßen Reflektieren verabschieden muss. Der Briefeschreiber verantwortet sein Tun vor einer Weltpädagogik, die auf den entschlossenen Mut der werdenden Menschengeister angewiesen ist. Wertvoll hinsichtlich dieses Mutes ist Ballmers Hinweis (in der Notiz S. 74) auf die wenig bekannten Aufsätze Steiners „Vom Seelenleben" (GA 36, dort insbes. S. 362) vom Oktober/November 1924, welche auch den Zusammenhang von Physiologie und Willen erneut aufgreifen. Die Pädagogik zielt auf die Selbstverwirklichung des Geistes, bzw. auf die Erweckung der Geister; Mittel dazu sind – neben dem „innerlichen Mut" – die aus den wiederholten Verkörperungen gewonnenen „Seelenschicksale". In konzentriertester Form umreißt Ballmer bereits am 18. Dezember 1949 dieses Programm:

„Nur gerade wie eine beiläufige Selbstverständlichkeit fällt uns die Einsicht in die Tatsache der *Wiederverkörperung* der einzelnen Menschengeister zu, die im göttlichen Erziehungsplan des Menschengeschlechtes (...) immer dabei sind bei der Reise des EINEN zu sich selbst, indem sie als Geister die Gattung des Welten-Ich je für sich sind, während 'der Ich' als das Fortpflanzungs-Wesen der menschlichen Gattung, die EINER ist, ihnen physische Leiber im Reiche der 'Zahl' zur Verfügung hält. Es gibt im Physikkosmos EINE Kraft, die Kraft der Werdung und Entwerdung der einzelnen physischen Menschen." (*Deutsche Physik – von einem Schweizer*, Edition LGC 1995, S. 49.)

Ballmers anthroposophische Gegenüber müssen – wie es bei Gerhard Kienle geschieht – die Relativierung der Eigenperson in diesem Prozess der Werdung und Entwerdung sehen und verkraften lernen. So gesehen ist die Anregung zur „Selbsterkenntnis" der Gruppenseele weniger eine Marotte Ballmers als die Forderung des welthaften Menschengeistes selbst. Die „Anthroposophen", des Weltgeistes erklärte Mandanten, begegnen in Ballmers Begriffsklärungen genau genommen sich selbst bzw. ihrem je-für-sich-werdenden Selbst. Das Experiment ist ein *Geschehen*. Die Konfrontation des (am irdischen Einzelmenschen orientierten) Seelenglaubens mit der Geisteswissenschaft sprengt die Beliebigkeit eines „intersubjektiven" Diskurses, sie führt in das Nadelöhr der existenziellen Korrektur. Die kompromisslose Deutlichkeit Ballmers ist ohne diesen Hintergrund natürlich schlecht nachzuvollziehen.

Waren bei der Arbeit über die „motorischen Nerven" Hermann Poppelbaum und Gerhard Kienle das repräsentative Gegenüber, so ist es im zweiten Teil des Experiments *Hans Erhard Lauer*, erneut mit Poppelbaum als „passivem Hintergrund".

*

Die Briefempfänger spielen eine katalytische Rolle bei Ballmer, der 1951 erklärte: „Ich bin in der Resignation so weit geübt,

185

dass ich, wenn ich nicht druckbar bin, jedenfalls zufrieden sein will, für einen Leser zu schreiben. Produktion ohne vorgestelltes Gegenüber ist mir irgendwie unmöglich." Die Richtung „Sehr geehrter Herr Dr. L.", in der die *Elf Briefe* geschickt wurden, ergab sich zwar zufällig durch einen auf Ballmers Schreibtisch gelandeten Aufsatz: Hans Erhard Lauers *Über die Bedeutung der Wiederverkörperungslehre für das Verständnis der Geschichte*. Indes wurde Lauer ja schon oben als Repräsentant der (akademischen) „Gruppenseele" (ein Ausdruck Rudolf Steiners) genannt – obschon er im *Brief-wechsel* nicht namentlich, sondern nur in folgender Anspielung angesprochen wird (S. 20 der erweiterten Neuausgabe, Edition LGC 2013):

> „Subjekt der anthroposophisch verstandenen Sinnestätig-keit ist also die Welt, d. h. in theologisierender Ausdrucks-weise: 'Gott'. (Neueste Fleißproduktionen über die zwölf Sinne werden danach zu beurteilen sein, ob sie diesem Gesichtspunkte entsprechen.)"

Hintergrund dieser unscheinbaren Parenthese ist, dass Ballmer seit Jahren auf ein Buch „wartet", von dem er schon weiß, dass er darauf „wie ein scharfer Hund reagieren" werde: Lauers *Die zwölf Sinne des Menschen*. Ihn zu der Einsicht zu bringen, dies Buch lieber *zurückzuhalten*, war Ballmers heimliche Motiva-tion für einen umfangreichen Briefwechsel mit Lauer im Jahre 1947 (in dem die Briefanreden übrigens stets „*Lieber* Herr …" lauteten). Am 8. Januar 1948 schreibt er an Werner Teichert:

> „Es geht bei den Anthroposophen auch nicht anders zu als in der übrigen Welt: es braucht nur einer zu versuchen, verbindende Brücken zu schlagen zwischen isolierten Posi-tionen, so wird er bestimmt der Dumme sein. Seine Bemü-

hung ist nicht gefragt. Ich habe in meinen Briefen an Lauer versucht, *Unger* in die Gedankengänge einzubeziehen. Schließlich käme es darauf an, das Unger-Kapital arbeiten und nicht verfaulen zu lassen (so gewiss dem Geiste mit einem stupiden Unger-Parteitum nicht gedient ist). Lauer ist auf meine Anregung nicht eingetreten.

Ein offenes Wort über den Zweck meines Briefwechsels mit Lauer scheint mir Ihnen gegenüber jetzt angebracht:

Ich wollte L. die Chance bereiten, sein Buch über die 12 Sinne (von dem Sie mir berichtet hatten, es sei unterwegs) zurückzuhalten, und zwar aus meiner Überlegung heraus, dass dieses Buch notwendig ein ausgewachsener Riesenblödsinn sein *muss*. Beim Thema Sinneslehre hört nämlich die Möglichkeit des philosophischen Dilettierens seitens unserer Herren Rhetoren einfach auf, da fängt der Ernst des Lebens an. Wenn ich gegenüber der 'Wiedergeburt der Erkenntnis' [ein Buch Lauers, an dem sich das Briefgespräch entzündete] den netten Mann spielen konnte, so werde ich das gegenüber einer Lauerschen Sinnes-Philosophie nicht können. Da hört die Möglichkeit auf, R. St. einen guten Onkel sein zu lassen und ihn vom Rhetorenkatheder herunter zu begönnern. Ich weiß also im voraus, dass ich auf den von Lauer zu erwartenden Kohl in punkto Sinneslehre wie ein scharfer Hund reagieren werde, ich werde bellen und beißen. Nur die Form, *wie* das geschehen wird, wird eine Zweckmäßigkeitsfrage sein. (…)

Störungen des Dornacher Friedens sind von meiner Seite nicht zu befürchten. Mein ganzes Trachten geht nur dahin, ungeschoren meine Arbeit erledigen zu können. Ich habe bewiesen, dass ich in der Lage bin, mich zu foutieren um Eitelkeitstänze, durch die das Verständnis des Schaffens Rudolf Steiners nicht gefördert wird."

Ballmer erhält nun Lauers Buch just eine Woche *nach* Beendigung der *Elf Briefe*: Der letzte Brief ist auf den Johannitag (24. Juni) des Jahres 1953 datiert, und am 1. Juli vermerkt Ballmer den Eingang des Buches auf dessen Titelseite, nebst der trockenen Bemerkung, in betont ruhig-deutlicher Schrift: „Ich K. B. gehöre nicht zu den Leuten, die *so etwas* lesen". In einer Fußnote „ad Leute" schärft er diesen Begriff: Nietzsche habe unter „Leuten" „Fabrikware der Natur" verstanden (ein Versehen: ein solches Zitat stammt von Schopenhauer), bei den Anthroposophen finde man analog „Fabrikware des Geistes". Noch am selben Tag schreibt er an den Philosophen und Publizisten Erich Brock (siehe S. 90), um ihm, auch als potentiellem Rezensenten, in „einer Art Notwehr" sein vernichtendes Urteil mitzuteilen. Das Buch ist auch der „besondere Anlass", aus dem am nächsten Tag das *Notizblatt* (siehe S. 91) niedergeschrieben wird. In beiden Dokumenten geht es um Monumentales; für Ballmer schließt sich geradezu ein Kreis nach 1921 hin, indem er sich seiner damaligen Begegnung mit dem Theologen Friedrich Gogarten erinnert, die er ganz am Anfang seiner Publikationstätigkeit (im zweiten Heft der *Rudolf Steiner-Blätter*) schon einmal erwähnt hatte.

Das Thema Sinneslehre ist ungeeignet für „schwarzkuttige Astlochgucker" und philosophisch dilettierende „Rhetoren", es musste in den *Elf Briefen* an „Dr. Komparativ" (siehe S. 92) ausgeklammert bleiben. Doch gleichermaßen ungeeignet für sie ist die (anthroposophische) „Idee" der Wiederverkörperung. Denn an welchem Ende man die Anthroposophie auch beginnen möchte zu verstehen: sie ist grundsätzlich „Anschauung von Schöpfung" und muss auch „nur deswegen über Reinkarnation sprechen" (siehe S. 175). Ballmer steht also bereits auf verlorenem Posten, wenn er, gleichzeitig mit dem ersten der

Elf Briefe an Lauer, am 8. Mai 1953 in eine Notiz (zu Händen Karl Barths) schreibt:

„Die 'Idee' der Wiederverkörperung kann für Anhänger Rudolf Steiners ein traktables Thema werden, wenn sie bei Karl Barth Schöpfungsmathematik studiert haben werden. Vorerst behandeln die Werten die Reinkarnation nach dem Schema: jeder Huber und Müller sein eigener Weltschöpfer."

Aus den Hierarchien sind „Rudolf Steiners zwölf Sinne geworden (wörtlich zu nehmen)", heißt es im erneuten Brief an Erich Brock (siehe S. 92): dort finde jetzt die „Erschaffung der Welt mittels 12 Tätigkeitsquellen" statt. Kaum zwei Jahre vorher, 1951, war aus Steiners Nachlass die Schrift *Anthroposophie* herausgegeben worden, die er 1910 geschrieben, aber zu Lebzeiten nicht veröffentlicht hatte. Ballmer, stets über Carlo Septimus Picht, Werner Teichert und Lauer auch mit Fragen der Steiner-Edition befasst, wendet sich sofort gegen die „Taktlosigkeit" der Nachlassverwaltung, die das „Meisterwerk" als „unreif" und im Untertitel als „Fragment" bezeichnet hatte. Er sieht das Werk als „geschlossenes Ganzes" und schreibt am 27. Januar 1952 an Picht:

„Wenn man in hundert oder in fünfhundert Jahren im anspruchsvollsten Sinne fragen wird: Was ist nun eigentlich diese in hunderten von Büchern und in tausenden von Vorträgen ausgebreitete Anthroposophie *im Ganzen*? – dann wird man, ohne jeden Zweifel, auf das 'Fragment 1910' verwiesen werden müssen, weil nirgends sonst wie in diesem 'Fragment' das Ganze und der innerste Kern der Anthroposophie präsent ist. (...) Die Publikation des 'Fragments 1910' könnte rechtmäßig den Untertitel tragen: Mitteilungen über die Weltschöpfung. Es ist meine Überzeugung, dass in dem 'Fragment 1910' inbezug auf das Ganze der Anthroposophie das Intimste enthalten ist, das R. ST. jemals mitgeteilt hat."

Während nun – nach dem Erscheinen von Lauers „Umrissen einer neuen, vollständigen und systematischen Sinneslehre auf Grundlage der Geistesforschung Rudolf Steiners" (so der Untertitel) – die eigentlich „nicht für die Öffentlichkeit gedachten" elf Briefe an ihn noch liegen bleiben, fasst Ballmer seine bereits in vielen Briefen nach Dornach geäußerte Kritik an entstellenden Herausgabemethoden in zwei Broschüren zusammen: *Philologin Marie Steiner* (worin Lauer kurz kritisch erwähnt ist) und *Editorin Marie Steiner*. Erst danach, im Februar 1954, gibt er der Druckerei die *Elf Briefe* in Auftrag. „Den Grund zur Veröffentlichung bildete meine Ansicht, Dr. Poppelbaum habe die Ignorierung meiner Broschüre 'Briefwechsel über die motorischen Nerven' zu weit getrieben.", schreibt er aus zeitlichem Abstand im *Notizblatt* an Viktor von Weizsäcker vom 29. November 1954 (siehe S. 119). Aber auch für diesen zweiten Teil des „Experimentes" muss der „Ertrinkende" bekennen: „Die 'Elf Briefe …' haben nicht die geringste Spur eines öffentlichen Echos erzeugt."

Zu Hans Erhard Lauer ist noch nachzutragen: Ballmers weitläufige briefliche Auseinandersetzung mit ihm aus dem Jahr 1947 war durch *Werner Teichert* angeregt worden und geschah teilweise in diesem Dreiecksverhältnis. Ballmer hatte für die so entstandenen Texte schon mit Teichert zusammen eine Veröffentlichung unter dem Titel *Mäeutisches* geplant, doch kam es nicht dazu. Mäeutik, wörtlich die Hebammenkunst, bedeutet die Methode, durch geschicktes Fragen und Lenken Einsichten im Gegenüber hervorzulocken, und in der Tat hat dieser Briefkomplex den Charakter einer väterlichen Betreuung Lauers durch Ballmer – jedoch, wie gesagt, ohne durchschlagenden Erfolg. Dies Material bleibt einer späteren Veröffentlichung bei *Edition LGC* vorbehalten; darin kann dann auch der biographischen Verbindung zwischen Ballmer und dem sieben Jahre jüngeren Lauer nachgegangen werden. Der persönliche Kontakt mit Lauer scheint jedenfalls mit den *Elf Briefen* beiderseits beendet worden zu sein. Als diese gerade im Druck sind, im März 1954, arbeitet Ballmer Gedanken aus zu *Blut ist ein ganz besonderer Saft*, dem Vortrag Steiners von 1906, und zitiert hier nochmals das im „mäeutischen" Briefwechsel vielbesprochene Buch Lauers von 1946 *Die Wiedergeburt der Erkenntnis* (siehe S. 163). Nochmals bemängelt er, womit er sieben Jahre vorher nicht durchdringen konnte: „dass man noch nicht in der Lage ist, die theosophische Erkenntnistheorie Carl Ungers ernst zu nehmen."

*

„Da stand er: schlank, kritisch, und wartete auf uns …": so erinnert sich eine damals jugendliche Arzttochter der Situation, wie sie mit ihrer Freundin zur ersten verabredeten Malstunde zu Karl Ballmer kommt, und beschreibt anschließend die Atmosphäre in den Unterweisungen als dieselbe hochproduktive „außerordentliche Stille", die der junge Samuel Beckett 1936 in Hamburg so denkwürdig von seinem Atelierbesuch bei Ballmer festgehalten hat. Berufsmalerin ist sie nicht geworden, doch bekennt die heute hochbetagte Frau, dass die Wahrnehmungsübungen, die der Maler an den schlichtesten zufälligen Objekten – im Haus an Stillleben oder draußen in der Landschaft – mit ihr machte, sie ihr Leben lang beschäftigt und ihren Alltag begleitet haben. – Der Moment der Begegnung nochmals ausführlicher:

„Übermütig schlenderten meine Freundin und ich, es mag
etwa 1944 gewesen sein, der Landstraße in Lamone entlang,
bogen rechts in den schmalen Weg ein, ganz gemütlich,
mit Papier und Buntstiften. Da stand er, Karl Ballmer,
schlank, kritisch, und wartete auf uns. Wir kamen zu spät!
Den Tonfall seiner Stimme höre ich noch, seine Worte
nicht mehr. Ich begriff, dass es ihm ernst war, dass er uns
nicht zum Zeitvertreib eingeladen hatte. (…) Diesmal war
meine Freundin noch dabei, danach blieb ich alleinige
Schülerin.“

Die Analogie zur eigenen Begegnung mit Ballmer mag sich
manchem Leser frappierend aufdrängen, in Details wie dem
„Übermut“, dem „Zuspätkommen“ und dem späteren „Allein-
bleiben“. Und so mag dies generell als Hintergrund gelten, vor
dem sich für diese Herausgabe die Hinzunahme weiterer Texte
aus dem „wartenden“ Nachlass rechtfertigt. Dabei finden wir
kaum längere, „systematische“ Darstellungen – um die auch
Lauer gebeten hatte –, sondern eher „unvollendete“ Entwürfe
und unscheinbare Einzelblätter, aus denen der Leser sich
eine „Systematik“ selbst entdeckend erarbeiten kann – die,
Ballmer folgend, doch am ehesten in der „systematischen
Differenz zwischen meiner Auffassung und derjenigen der
'Gruppenseele' “ (7. Brief) liegen kann. Manches mag zunächst
allzu kontext- und zeitgebunden erscheinen, etwa manche
Briefe oder auch der Anfang des Aufsatzes über die – dann
doch – *Zentralidee des 20. Jahrhunderts*. Das Nachforschen,
unterstützt auch von den unten folgenden Einzelanmerkungen
oder sogar unter Zuhilfenahme der bei *Edition LGC* online
gestellten Materialien, wird sich lohnen und zur Erkenntnis
führen, dass Ballmer den Leser kaum jemals „zum Zeitvertreib
eingeladen“ hat.

So führt beispielsweise das erste hier abgedruckte Blatt aus den Arbeitsnotizen zu den *Elf Briefen*, die Notiz zu *Gebhard Frei*, obwohl Ballmer sie gegenüber Lauer nicht ausgeführt hat, den Leser erneut und anders an die schon in der *Zentralidee* genannte „Zumutung" heran: sich die Vereinbarkeit des „stolzen Pochens auf die Präexistenz" und der „Anerkenntnis des Geschaffenseins des 'Ich'" überhaupt erst zur nicht nur „berechtigten", sondern „eigentlich zentralen Frage" werden zu lassen – angeregt durch einen katholischen Theologen. Wenn Ballmer denselben „geschulten Schweizer Katholiken" wiederum anderswo (siehe S. 91) als „Parapsychologen" zu den „schwarzkuttigen Astlochguckern" zählt (im *Historischen Lexikon der Schweiz* wird Gebhard Frei heute als „Pionier der Erforschung von Para- und Tiefenpsychologie aus philosophischer und theologischer Sicht" bezeichnet) und einem *Friedrich Gogarten* gegenüberstellt, wirft dies ein Licht auf heutige Fragen der „gesellschaftlichen Anerkennung" der Anthroposophie im Jubiläumszeitalter. Gogarten, von Ballmer schon 1928 als „bedeutender Sprecher" der modernen, „vernünftig ringenden Menschen" geachtet: trotz seiner Agitation gegen Anthroposophie steht er derselben gewissermaßen näher als wer sie – mit Sympathie – hinter den spiritistischen Bretterzaun verbannt. Ähnliches scheint für den – in Ballmers Denken und Schreiben durchgängig präsenten und ebenfalls 2019 Jubiläum feiernden – *Karl Barth* zu gelten, dem er von 1948 bis 1954 eine ganze Reihe von *Notizblättern* zukommen lässt und dessen von Ballmer sympathisierend aufgegriffene wohl einzige (natürlich negative) öffentliche Äußerung zur Anthroposophie wir auf S. 96 wiedergeben.

Zwei Ereignisse schon während Ballmers Druckvorbereitungen zu den *Elf Briefen* fanden nur noch als kleingedruckte Zusätze Eingang in das entstehende kleine Buch: *Ernst Haeckels*

120. Geburtstag und das Erscheinen des Buches *Die Zeit* von *Hedwig Conrad-Martius*.

Zu Haeckel: Dass der Leser sogleich auf der ersten Buchseite erschlagen wird durch die hochkomprimierte Notiz über die „theosophische Vertiefung Haeckels", mag den technischen Grund haben, dass – entsprechend einer dokumentierten ursprünglichen Anordnung an den Setzer – hier noch Platz war, weil jeder Brief auf einer neuen Seite anfangen sollte. Vielleicht fand Ballmer die prominente Stelle aber auch genau passend. Wiederum ist es *Hermann Poppelbaum* (ein Jahr zuvor der *eigentliche* Adressat des *Briefwechsels über die motorischen Nerven*), der zum Geburtstag des großen Naturforschers seinen Aufsatz *Ernst Haeckels Bildnis – heute* in die anthroposophische Öffentlichkeit stellt, und damit Ballmer veranlasst, den erneuten „anthroposophischen Redensarten" etwas entgegenzustellen. Die halbe freie Buchseite bietet sich also direkt an. Die hier nun veröffentlichten Entwürfe dürften dem komprimierten Passus zeitlich vorangegangen sein. Der Duktus und eine Überschrift wie „Vorbemerkung" zeigen, dass Ballmer (wie es bei maschinenschriftlichen Manuskripten überwiegend der Fall ist, oft sogar bei Briefen) vorsorglich an eine Veröffentlichung denkt. – An dieser Stelle sei auch auf Ballmers *Ernst Haeckel und Rudolf Steiner – Ernst Haeckels Zustimmung zur Ethik Rudolf Steiners* aus dem Jahr 1929 hingewiesen (Heft 2 der *Sonderveröffentlichungen der Rudolf Steiner-Blätter*, mit eigenem graphischen Buchschmuck ausgestaltet).

Äußerlich ähnlich ist der Vorgang bezüglich *Hedwig Conrad-Martius*, deren Buch *Die Zeit* Ballmer Anfang März 1954 mit hohem Interesse liest. Auch hier hinterlässt die schwergewichtige, in letzter Minute auf engen Platz eingefügte Fußnote (S. 44) einen ratlosen Leser, dem nichts übrig bleibt, als sich das Buch selber zu besorgen. Wenn wir auch hierzu die im Hintergrund entstandenen Aufzeichnungen veröffentlichen, mag ihn das nicht von diesem Vorhaben abhalten, denn die im Schatten von populäreren philosophischen Lichtgestalten stehende „prädestinierte Anwärterin für das Bemerken des Problems 'Franz Kunz'" ist eine Entdeckung wert – auch wenn sie zwischen Blavatsky und Steiner offenbar nicht differenzieren konnte oder wollte.

Natürlich können bei weitem nicht alle thematisch als Ergänzung in Frage kommenden Texte berücksichtigt werden: so ist etwa auf die *Marginalien, 1* von 1949 zu verweisen, die bereits als Anhang zu Karen Swassjans *Karl-Ballmer-Probe* bei Edition LGC vorliegen. Schon hier geht es, eng an Steiners Büchern *Theosophie* und *Geheimwissenschaft* und einiges aus den *Elf Briefen* vorwegnehmend, um die Erkenntnis, „dass ein natürlicher Einzelmensch nicht eine selbstverständliche Einheit ist, wie die materialistische Denkart annimmt". Auch zwei mit *Wiederverkörperung* betitelte Seiten vom 18. Januar 1954 sind – wegen ihrer Anknüpfung an den vermeintlichen „Seelenentdecker" C. G. Jung – bereits in „Synchronizität" (2. Auflage 2010) veröffentlicht worden. Das Stichwort taucht im übrigen in vielen Passagen bereits publizierter wie auch noch im Nachlass „wartender" Schriftstücke auf; eine Zusammenstellung in einer Art Kompendium würde sie ihres jeweiligen Kontextes berauben.

Die vorliegende Neuausgabe enthält zunächst die *Elf Briefe über Wiederverkörperung*, wie sie in der Erstausgabe des *Verlags Fornasella* (erschienen etwa Ende April 1954) vorliegen. („Fornasella" – deutsch „Backöfchen" – war der Name des Gutes von Ballmers Freund Hans Gessner; zur Verlagsgründung mit der gleichen Namensgebung kam es aus Anlass der Publikation des *Briefwechsels über die motorischen Nerven*.) Alle weiteren Texte, auch die beiden Briefe Lauers, waren in der Erstausgabe nicht enthalten. Die Formatierung wurde weitgehend dem Original angeglichen, was für Studienzwecke den Vorteil annähernd gleicher Seitenzählung mit sich bringt. Der Erstdruck wurde mit dem im Nachlass (Staatsarchiv Aarau) vorliegenden Originalmanuskript verglichen, die Rechtschreibung wurde angepasst.

Die Zitatquellenangaben Ballmers wurden beibehalten und werden in den folgenden Anmerkungen unter praktischen Gesichtspunkten ergänzt. Die von Ballmer zitierten Nummern der Vorträge Rudolf Steiners beziehen sich auf die Zählung durch Hans Schmidt, *Das Vortragswerk Rudolf Steiners*, Dornach 1950. In der Neuauflage dieses bibliographischen Werkes (1978) wurde diese nicht mehr gebräuchliche Zählweise weggelassen. Wo von uns zusätzlich Seitenzahlen zu Ballmers Zitatquellen angegeben werden, geschieht dies ohne Gewähr, d. h. ohne Rücksicht auf verschiedene Auflagen. Auf Schriften und Vorträge Rudolf Steiners wird dabei in der Regel nach den GA-Nummern (Gesamtausgabe im Rudolf Steiner Verlag, Dornach / Schweiz) verwiesen. Den zum Teil erheblichen Differenzen im Wortlaut bei Zitaten Steiners gegenüber heutigen Ausgaben konnte hier nicht nachgegangen werden.

Anmerkungen

Elf Briefe über Wiederverkörperung

9   *Anmerkung zu Ihrem Aufsatze*: Der Aufsatz von Hans Erhard Lauer kann auf der Website von *Edition LGC* eingesehen werden. Die *Blätter für Anthroposophie* wurden von Lauer selbst seit 1949 in Basel herausgeben und wurden 1970 mit der deutschen Zeitschrift *Die Drei* zusammengelegt; Lauer wurde dort Redakteur.

9   *Der Theosoph Rudolf Steiner sieht keine Nötigung*: Dieser Passus war nicht Bestandteil des ersten Briefes an Lauer. Ballmer setzte ihn erst bei der Druckvorbereitung hinzu. Äußerer Anlass dazu war Hermann Poppelbaums Aufsatz zu Ernst Haeckels 120. Geburtstag: *Ernst Haeckels Bildnis – heute*; siehe dazu Ballmers Texte ab S. 121. – Auf dem erhaltenen Durchschlag dieses ersten Briefes notierte sich Ballmer: „1 Waschzettel beigefügt" – vermutlich ein gedruckter Hinweiszettel auf den soeben erschienenen *Briefwechsel über die motorischen Nerven*.

10   *Vom anthroposophischen Gesichtspunkte aus ist einzig Jean Paul Sartre redlich*: Ballmer führt dies im *Zehnten Brief* (siehe S. 52 ff) aus. Siehe auch einen Aufsatz von Karen Swassjan zu Sartres 100. Geburtstag: *Jean Paul Sartre: Ein blinder Zeuge der Anthroposophie*, in *Der Europäer*, Jg. 9 / Nr. 8 / Juni 2005.

12   *die akademische „Gruppenseele"*: Siehe den letzten, nicht abgeschickten Brief (5. März 1953) aus dem *Briefwechsel*. Bei Steiner ist von der „Gelehrtengruppenseele" die Rede im Vortrag vom 25. Oktober 1909 in Berlin (GA 115, S. 39).

12 *Ein ausgewachsener Lizenziat der Theologie lässt den folgenden Bocksgesang ertönen*: Emil Bock: *Die Neugeburt des Wiederverkörperungsgedankens im Geistesleben des 19. und 20. Jahrhunderts*, im bezeichneten Heft von *Die Drei* vom November/Dezember 1948. – Ballmer besaß von dem Theologen Emil Bock (1895–1959) auch das Buch *Wiederholte Erdenleben – die Wiederverkörperungsidee in der deutschen Geistesgeschichte* (1952), hatte es jedoch erst am 2. Dezember 1953, also längere Zeit nach den Briefen an Lauer, erhalten; es enthält keine Anmerkungen von Ballmer.

12 *Dort (S. 161) bietet Dr. P. den Gedanken an*: Hermann Poppelbaum, *Verherrlichungsprinzip, Höherentwicklung, Funktionswechsel – Drei Probleme und Forschungsaufgaben Goetheanischer Organik*; in: *Goethe in unserer Zeit – Rudolf Steiners Goetheanismus als Forschungsmethode*, hrsg. von der Naturwissenschaftlichen Sektion am Goetheanum Dornach durch Guenther Wachsmuth, Hybernia-Verlag Dornach/Basel 1949. – Mit Hermann Poppelbaum war Ballmer von Hamburg her gut bekannt, siehe hierzu auch den *Briefwechsel über die motorischen Nerven*.

13 *Dr. W.*: Guenther Wachsmuth: *Die Reinkarnation des Menschen als Phänomen der Metamorphose*, hrsg. von der Naturwissenschaftlichen Sektion am Goetheanum, Dornach 1935.

14 *sprechen ebenso anspruchsvoll wie undelikat vom „Subjekt der Wiederverkörperung"*: Hermann Poppelbaum: *Wiederverkörperung und moralische Verantwortung*, im bezeichneten Heft von *Die Drei*.

15 *Selbst Karl Barth wird zur Kenntnis nehmen müssen*: Karl Barth, *Die protestantische Theologie im 19. Jahrhundert*, § 18: Feuerbach. Siehe auch den Schluss des zehnten Briefes (S. 56 f). Ballmer zitiert dort Barths Buchtitel fälschlich „…*des 19. Jahrhunderts*"). Barth nennt natürlich in seinem Kapitel keineswegs die „anthroposophische menschliche 'Gattungswesenheit'", sondern

spricht vom „Wesen des Menschen" oder „Bewusstsein der Gattung". Siehe auch Ballmers Ausführungen zu Feuerbach in *Synchronizität*, Edition LGC, 2. Auflage 2010, S. 87 f.

18   *Zyklus 34, 4, 8*: Rudolf Steiner, *Christus und die menschliche Seele*, 4 Vorträge in Norrköping, 1914. Heute in GA 155. Zitat ca. in der Mitte des vierten Vortrages, 16. Juli 1914.

21   *im fünften Vortrage des Zyklus 32*: Rudolf Steiner, *Inneres Wesen des Menschen und Leben zwischen Tod und neuer Geburt*, GA 153. Vortrag vom 13. April 1914.

21   *Zyklus 7, 9, 10*: Rudolf Steiner, *Geistige Hierarchien und ihre Widerspiegelung in der physischen Welt*, GA 110, 9. Vortrag vom 18. April 1909 vormittags. – Ballmer kommt im folgenden (fünften) Brief auf den „Begriff des Schöpfers" zu sprechen.

22   *Vortrag Nr. 3252*: Rudolf Steiner, *Das Rätsel des Menschen – Die geistigen Hintergründe der menschlichen Geschichte*, GA 170 der Gesamtausgabe, Vortrag vom 2. September 1916.

23   *Otto G… und Rudolf Steiner*: Es ist unbekannt, um wen und um welche Buchwidmung es sich handelt. Für Hinweise sind wir dankbar.

23   *Der Begriff des Geistes bei C. G. Jung und bei Rudolf Steiner*: Joseph Hupfer: *Der Begriff des Geistes bei C. G. Jung und bei R. Steiner*, in: *Abhandlungen zur Philosophie und Psychologie*, Heft 1, Dornach 1951 (Hrsg: Freie Hochschule für Geisteswissenschaft).

23   *die berühmte Stelle im Zyklus 7, im 9. Vortrage auf Seite 10*: Siehe Anmerkung zu S. 21.

27   *Ich erhielt Ihren Brief vom 16. Mai*: Siehe S. 64.

28   *Wachsmuths umfängliche Darstellung des „Lebewesens Erde"*: Guenther Wachsmuth, *Die ätherischen Bildekräfte in Kosmos, Erde und Mensch: ein Weg zur Erforschung des Lebendigen*,

Erste Aufl. Stuttgart (Der Kommende Tag Verlag) 1924. Zu diesem Buch vgl. auch die Anmerkung zu S. 103.

28   *Stuttgarter Wärme-Kurs*: Es handelt sich um den „Zweiten naturwissenschaftlichen Kurs", einen Zyklus von 14 Vorträgen, gehalten in Stuttgart 1.–14. März 1920, GA 321. Die Bemerkung zum „Unglück der modernen Physik" machte Steiner am Ende des Vortrages vom 10. März 1920.

28   *den Magnetismus der Sonne betreffenden Syllogismus*: Siehe im soeben genannten Buch von Guenther Wachsmuth den Abschnitt *Die Sonne*, S. 92 f.

29   *Evolution, Involution und Schöpfung aus dem Nichts*: Vortrag vom 17. Juni 1909, heute in GA 107 *Geisteswissenschaftliche Menschenkunde* als letzter Vortrag enthalten.

29   *in dem Vortrage Nr. 2527*: Vortrag vom 23. Januar 1912 in der Reihe *Wiederverkörperung und Karma und ihre Bedeutung für die Kultur der Gegenwart*, GA 135.

31   *Berliner Zyklus 35, 2, 2: Die Evolution vom Gesichtspunkte des Wahrhaftigen*, Fünf Vorträge, Berlin 1911, GA 132; Zitat ca. auf der 2. Seite des Vortrages vom 31. Oktober 1911.

32   *Man könne von Gott, dem „Vater"*: Gemeint ist vermutlich der Vortrag in Stuttgart vom 15. Juni 1921, 11 Uhr, GA 342 (*Vorträge und Kurse über christlich-religiöses Wirken I: Anthroposophische Grundlagen für ein erneuertes christlich-religiöses Wirken*).

34   *Abhandlung über „Probleme und Forschungsaufgaben Goetheanischer Organik"*: Poppelbaums oben erwähnte Abhandlung, siehe Anmerkung zu S. 12.

35   *Zyklus 45, 2, 8: Bausteine zu einer Erkenntnis des Mysteriums von Golgatha*, 8 Vorträge in Berlin 1917, heute in GA 175.

35 *Die Rätsel der Philosophie*: Heute GA 18. Das Zitat steht etwa in der Mitte des letzten Kapitels *Skizzenhaft dargestellter Ausblick auf eine Anthroposophie*.

35 *Vorträgen über „Pneumatosophie" (Berlin, 1911)*: Vier Vorträge im Dezember 1911, heute in GA 115.

38 *Ihren freundlichen längeren Brief vom 27. Mai*: Siehe S. 65.

40 *Zykl. 48, 1, 14 (Vortrag am 22. Januar 1918)*: Heute in GA 181, *Erdensterben und Weltenleben*. Zitat S. 25.

41 *Zyklus 33, 4, 15 (23. Januar 1914)*: *Der menschliche und der kosmische Gedanke*, vier Vorträge, Berlin 1914, GA 151.

42 *Schade, dass ich nicht danach gefragt bin*: Etwa zwei Wochen vorher, am 22. Mai 1953, hatte Ballmer „als langjähriger stark interessierter und nicht allzu schlechter Leser aller Ihrer mir erreichbaren Arbeiten" unbekannterweise Karl Löwith angeschrieben und ihm den *Briefwechsel über die motorischen Nerven* geschickt, erhielt aber wohl keine Antwort.

42 *Christus verus Lucifer*: Rudolf Steiner erwähnt diesen (offenbar aus „apokryphen" Quellen stammenden) „Ausspruch" in folgenden Vorträgen: GA 104, S. 148 (24. Juni 1908); GA 105, S. 105 f (10. August 1908); GA 109, S. 256 (11. Juni 1909); GA 136, S. 207 (14. April 1912); GA 227, S. 289 (31. August 1923, hier in der Variante „Christus verus phosphorus").

43 *Der Mensch selbst ist die Lösung des Welträtsels*: Siehe in Steiners *Mein Lebensgang* (GA 28, XXII. Kapitel, Hervorhebung von Steiner): „So sagte ich mir auch: die ganze Welt, außer dem Menschen, ist ein Rätsel, das eigentliche Welträtsel; und *der Mensch ist selbst die Lösung*."

43 *im Vortrage Nr. 4376*: Vortrag vom 29. Januar 1921 in Dornach, in GA 203.

43   *Eine verspätete – verschweitzerte – Parusie*: Bezieht sich auf
      den Theologen Albert Schweitzer, 1875–1965.

43   *„Dümmlingen der modernen Kultur"*: Rudolf Steiner zitierte
      im Vortrag in Dornach am 4. Juli 1920 (im Beisein Ballmers,
      heute in GA 198, S. 174) den Theologen Franz Overbeck wie
      folgt: „Es war mir sehr bezeichnend, dass gerade in diesen
      Tagen im Beiblatt zu den *Basler Nachrichten* eine nachgelassene
      Produktion von Overbeck besprochen wird, und dass da auf
      einen Satz hingewiesen wird, den dieser christliche Theologe
      niedergeschrieben hat. Ein christlicher Theologe hat den Satz
      niedergeschrieben: Die Theologen sind die Dümmlinge in
      der modernen Gesellschaft; das ist öffentliches Geheimnis
      in dieser modernen Gesellschaft." Das Zitat findet sich in
      *Christentum und Kultur. Gedanken und Anmerkungen zur
      modernen Theologie*, aus dem Nachlass herausgegeben von
      Carl Albrecht Bernoulli, Basel 1919, S. 173 f. Ballmer erwähnt
      das Aufsehen erregende Buch und etwa *Karl Barths* Reaktion
      darauf bereits 1929 in seinen *Rudolf Steiner-Blättern*, Heft 3/4,
      heute in *Anthroposophie und Christengemeinschaft*, Edition
      LGC 1995, S. 26 ff.

49   *Vortrag Nr. 3997, 21. 2. 1920*: in Dornach, enthalten in
      GA 196.

49   *Reinkarnation und Karma, als „vom Gesichtspunkte der mo-
      dernen Naturwissenschaft notwendige Vorstellungen"*: Anspie-
      lung auf den Titel des Aufsatzes von Steiner, *Reinkarnation
      und Karma, vom Standpunkte der modernen Naturwissenschaft
      notwendige Vorstellungen*, in der Zeitschrift *Luzifer*, Oktober/
      November 1903, heute in GA 34.

50   *in einem Berliner Vortrage*: Es ist noch unbekannt, um welchen
      Vortrag es sich handelte. Für Hinweise sind wir dankbar.

51   *Schlusssatz des Buches „Die Geheimwissenschaft im Umriss"*:
      Der zitierte Satz bildet in späteren Auflagen den Schluss des

Kapitels „Gegenwart und Zukunft der Welt- und Menschheits-Entwickelung", jedoch nicht des ganzen Buches, denn es folgt noch der Abschnitt „Einzelheiten aus dem Gebiete der Geisteswissenschaft". Siehe zu den „zwei ganz getrennten Wegen" auch den auf S. 85 ff wiedergegebenen Abschnitt aus *Deutsche Physik – von einem Schweizer* sowie die Anmerkung dazu.

53   *L'existentialisme athée, que je represente*: Jean-Paul Sartre, *L'existentialisme est un humanisme*. Deutsch: *Der Existentialismus ist ein Humanismus*, in: *Der Existentialismus ist ein Humanismus / Materialismus und Revolution / Selbstbewusstsein und Selbsterkenntnis / und andere philosophische Essays 1943–1948*, Reinbek (Rowohlt Taschenbuch) 1994. In dieser Übersetzung von Vincent von Wroblewsky lautet die Passage (S. 120): „Der atheistische Existentialismus, den ich vertrete, ist kohärenter. Er erklärt: wenn Gott nicht existiert, so gibt es zumindest ein Wesen, bei dem die Existenz der Essenz vorausgeht, ein Wesen, das existiert, bevor es durch irgendeinen Begriff definiert werden kann, und dieses Wesen ist der Mensch oder, wie Heidegger sagt, das Dasein. Was bedeutet hier, dass die Existenz der Essenz vorausgeht? Es bedeutet, dass der Mensch erst existiert, auf sich trifft, in die Welt eintritt, und sich erst dann definiert. Der Mensch, wie ihn der Existentialist versteht, ist nicht definierbar, weil er zunächst nichts ist. Er wird erst dann, und er wird so sein, wie er sich geschaffen haben wird. Folglich gibt es keine menschliche Natur, da es keinen Gott gibt, sie zu ersinnen."

58   *„Gott ist im Himmel und du auf Erden"*: Karl Barth, Vorwort zur (wichtig!) 2. Auflage des *Römerbriefes*. Ausführlicher: „Wenn ich ein 'System' habe, so besteht es darin, dass ich das, was Kierkegaard den 'unendlichen qualitativen Unterschied' von Zeit und Ewigkeit genannt hat, in seiner negativen und positiven Bedeutung möglichst beharrlich im Auge behalte. 'Gott ist im Himmel und du auf Erden'. Die Beziehung *dieses*

Gottes zu *diesem* Menschen, die Beziehung *dieses* Menschen zu *diesem* Gott ist für mich das Thema der Bibel und die Summe der Philosophie in Einem." Vgl. hierzu auch Ballmers Auseinandersetzung mit Barth im Band *Anthroposophie und Christengemeinschaft*, Edition LGC 1995, S. 94 ff. – Das Bibelzitat (Prediger 5,1) im ganzen Satz (Luther-Übersetzung): „Sei nicht schnell mit deinem Munde und lass dein Herz nicht eilen, etwas zu reden vor Gott; denn Gott ist im Himmel und du auf Erden; darum lass deiner Worte wenig sein." – In Barths Vorwort folgt eine Seite weiter die Formulierung „von einem wahrhaft anthroposophischen Chaos von absoluten Relativitäten und relativen Absolutheiten", auf die Ballmer anderweitig eingeht, vgl. S. 96.

60 *In der Kirche ist man sich darüber einig*: In der aufgrund der politischen Situation in beispiellosem Tempo produzierten kleinen Schrift *Theologische Existenz heute!*, München Juli/August 1933, zunächst erschienen als *Beiheft Nr. 2 von „Zwischen den Zeiten"*, ab der 8. Auflage als Band 1 der Schriftenreihe *Theologische Existenz heute*. Reprint der Hefte 1–77 München 1980, Zitat S. 4 f. Der vollständig zitierte Satz aus einer in der Tat emphatischen Passage lautet: „In der Kirche ist man sich darüber einig, dass Gott für uns nirgends da ist, in der Welt ist, in unserem Raum und in unserer Zeit ist als in diesem seinem Wort, dass dieses sein Wort für uns keinen anderen Namen und Inhalt hat als Jesus Christus und das Jesus Christus für uns in der ganzen Welt nirgends zu finden ist als jeden Tag neu in der heiligen Schrift Alten und Neuen Testamentes."

Lauers Antwortbriefe

65 *Plato, Hroswitha, Schröer*: Siehe Rudolf Steiners Vortrag in Dornach am 23. September 1924 (GA 238).

66   *Verbindung von Reinkarnationslehre und Geschichtsauffassung*:
Siehe Lauers ganz zu Anfang genannten Aufsatz.

67   *Porträtzeichnung von Hans Erhard Lauer*: Dies ist eine kleine
Bleistiftskizze wohl von Ballmers Hand, beiläufig auf ein
abgerissenes Stück Papier gezeichnet. In den erreichbaren
biographischen Texten zu Lauer ist kein Aufenthalt in Hamburg
erwähnt, aber es gibt 2 Postkarten (21. September und 28.
Oktober 1928), wonach Lauer in dieser Zeit bei einem Dr.
Schaum in Hamburg gewohnt hat und offenbar Ballmer des
öfteren besucht hat. Somit könnte das auf den 10. November
1928 datierte Bildchen bei oder im Anschluss an einen solchen
Besuch entstanden sein.

Aus den Arbeitsnotizen zu den *Elf Briefen*

Eine Mappe mit Arbeitsnotizen zu den *Elf Briefen* ist außen mit
„Komparativ" beschriftet. Vgl. die Notiz vom 27. Juli 1953 (siehe
S. 92), wo Ballmer Lauer „Dr. Komparativ (lau, lauer, am lausigsten)" nennt. Aus dieser Mappe werden hier einige Blätter
wiedergegeben.

71   *Prof. Gebhard Frei, Schweizer Rundschau*: Diese Notiz bezieht
sich auf den Aufsatz von Gebhard Frei: *Reinkarnation und
katholischer Glaube*, in der *Schweizer Rundschau*, Juni 1947.
Siehe auch im vorliegenden Band den Aufsatz von Ballmer:
Eine Zentralidee des 20. Jahrhunderts, S. 173, die Anmerkungen
dazu sowie zur Person die Anmerkung zu S. 91. – Ballmers
Hinweis auf *DIE DREI, 18. Jahrg., S. 361 f.* zielt auf den Aufsatz
von Herbert Witzenmann, *Die Idee der Wiederverkörperung im
Lichte von Gründen und Gegengründen*. Witzenmann bespricht
dort die von drei katholischen Autoren genannten Argumente
gegen die besagte „Idee"; neben wiederum Gebhard Frei sind

dies Hedwig Conrad-Martius und Walter Brugger S.J. Der Aufsatz ist auf der Website von *Edition LGC* online gestellt.

72 *Die Zahl der Kühnen*: Vgl. S. 53

74 *Verkörperung setzt Entkörperung voraus*: Vgl. S. 31

76 *Die Faktizität, die ich bin*: Vgl. S. 55

78 *Ich will hier die Sätze Dr. Poppelbaums*: Vgl. S. 19

82 *Ein großer Unfug war fällig*: Vgl. die Ausführungen zu Lauers Buch über die 12 Sinne oben im Nachwort, S. 186. Zur „Aufklärung, die dem Erkenntniswissenschafter H. Witzenmann zuteil wurde", vgl. den *Briefwechsel über die motorischen Nerven*, der sich u. a. an Witzenmanns Aufsatz *Erkenntniswissenschaftliche Bemerkungen zum Bewegungsproblem* (im Anthroposophisch-Medizinischen Jahrbuch III, 1952) entzündete.

Weitere Briefe, Entwürfe und Notizen (1949–1954)

85 *Deutsche Physik – von einem Schweizer*: Siehe diese bei *Edition LGC* veröffentlichte Schrift, Siegen 1995. Die Passage soll hier den Beginn des zehnten der *Elf Briefe* (siehe S. 51 f) mit dem Hinweis auf die „zwei ganz getrennten Wege" ergänzen. Noch ausführlicher wird dies – verbunden mit der Thematik der „Prädestination" und des „Jüngsten Gerichts" – behandelt in Ballmers *Marginalien, 1*, enthalten in: Karen Swassjan, *Die Karl-Ballmer-Probe*, Edition LGC, 2. Auflage 2013.

88 *Brief an Carlo Septimus Picht*: Der Vollständigkeit halber wird dieser Brief hier komplett abgedruckt, obwohl sein größerer Teil die Problematik der Herausgabe von Vorträgen und Schriften Rudolf Steiners betrifft. Picht (1887–1954, näheres siehe biographien.kulturimpuls.org) legte wesentliche Grundlagen zur Erforschung und Herausgabe des Werkes Steiners. Bereits

1926 gab er *Das literarische Lebenswerk Rudolf Steiners* heraus, mit 1065 Titeln eine erste Grundlage für die weitere
Erschließung und die spätere Gesamtausgabe. 1935 berief Marie
Steiner ihn in die erste Gruppe zur Betreuung, Erschließung
und Herausgabe des Nachlasses. In dieser Funktion stand er
auch mit Ballmer in häufigem Briefkontakt und nahm seine
Hilfe in Anspruch. Wegen editorischer Fragen hatte er „oft
schlaflose Nächte"; Ballmer arbeitet sich oft tief in Detailfragen
ein und sparte bei Mängeln nicht mit heftiger Kritik: „Meine
Sorge um die optimale Tradierung der Vortragstexte R. Sts. ist
etwas anders gelagert als die Ihrige; meine größte Sorge ist, dass
in kommenden Jahrhunderten die Texte nicht verschandelt
vorliegen in jener Weise, für die Marie Steiner das üble Vorbild
ist mit ihrer 'Stilisierung'." Picht war dankbar, „woran das
kritische Moment Ihres Schreibens nichts ändert, weil – wie
Sie wissen – gerade Ihre Kontrollen mir überaus wertvoll sind
zur Läuterung der eigenen Anschauungen und Taten, und
zum Wohle der Sache." Ballmer seinerseits dankte für „diverse
Sonderauskünfte" und bekannte am 4. März 1952: „Ich habe
lange Jahre in einer fast absoluten Isolierung zugebracht, und
bin jetzt dementsprechend froh über den Kontakt mit der
'anthroposophischen Bewegung'." Picht saß zwischen den
Stühlen, war auch der Rudolf Steiner Nachlassverwaltung
gegenüber verpflichtet. Ballmer blieb sich treu: „Ich weiß auf
das bestimmteste, dass die Leser der Texte Rudolf Steiners in
kommenden Jahrhunderten diese *ganz anders* lesen werden
als heutige 'Anthroposophen', weil sie sich Ideen angeeignet
haben werden, von denen die heutigen 'Anthroposophen' so
weit wie möglich entfernt sind. Es besteht ja nun einmal das
eherne Gesetz: dass man in jeden Text genau soviel hineinliest,
als man von der im Text behandelten Sache schon weiß. [...]
Wenn aber in kommenden Jahrhunderten die dannzumaligen
Anthroposophen sehr wenig Ähnlichkeit mit den heutigen
haben werden, dann kann für *heutige* Einsichtige die oberste
Pflicht sein: nur ja nichts besseres zu wollen als schlicht die

optimale Form der Vortragsnachschriften zu überliefern.“ Als Ballmer seine Kritik an Textentstellungen in zwei Broschüren *Philologin Marie Steiner* und *Editorin Marie Steiner* öffentlich machte, beendete Picht den Kontakt.

89 *Ihren Widenmann – herzlichen Dank!*: Picht hatte Ballmer seine kleine Schrift über Gustav Widenmann geschickt: *Das Auftauchen der Reinkarnationsidee bei dem Arzt und Philosophen Gustav Wiedenmann um 1850*, Stuttgart 1932, nach einem von Picht gehaltenen Vortrag in Stuttgart 1920. Die Schreibweise des Namens ist, auch in Bibliotheken und Antiquariaten, uneinheitlich.

91 *der Parapsychologe Hochwürden Prof. Dr. Frei*: Gebhard Frei, 1905–1967, Schweizer katholischer Priester und Psychologe, mit C. G. Jung in engem Kontakt, Mitbegründer des C.-G.-Jung-Institus in Zürich. Siehe oben die Bemerkungen im Nachwort und den Hinweis zu S. 71.

91 *Gogarten sagte mir (in München 1921)*: Bereits in einer Fußnote im Heft 2 der *Rudolf Steiner-Blätter* (Hamburg 1928, heute in *Das Ereignis Rudolf Steiner*, Edition LGC 1995, S. 80 f) vermerkt Ballmer diese Begegnung:
„Gegen Rudolf Steiner und gegen Anthroposophie hat Friedrich Gogarten in Broschüren, Aufsätzen und Vorträgen Stellung genommen. Es ist nicht meine Überzeugung, dass diesen Stellungnahmen entfernt die Bedeutung zukommt, die ich den übrigen Leistungen Gogartens zuerkennen muss. – Im persönlichen Gespräche mit dem Schreiber, bei Anlass eines gegen Anthroposophie gerichteten Doppelvortrages (München 1921) fasste Pfarrer Gogarten seine Kritik (es war in einer Münchner Galerie zufällig vor den Leinwänden eines andern Radikalen und Geistesverwandten: van Goghs) in den Satz zusammen: St. müsste Gott selbst sein, wenn Wahrheit sein sollte, was er lehrt. – Darauf war und ist zu erwidern: Wenn wir wüssten – aus *Erkenntnis,* abgesehen von aller Theologie – was

in Wahrheit der *Mensch* ist, dann wären wir (nochmals: auf
dem *Erkenntnis*felde!) in der Lage, den *Anthropomorphismus*
'Gott' nach seinem wirklichen und wahren Inhalte zu nehmen.
– In ein Notizbuch schrieb Rudolf Steiner 1923: 'Es muss die
Welt (sie ist nach der Lehre Rudolf Steiners ein Bewusstseins-
Monon und diese Lehre schließt den theistischen Dualismus
aus) aus dem Menschen heraus gefunden werden – man muss
den Mut zum Anthropomorphismus bekommen.' – Es ist der
Mensch, der von Rudolf Steiner, im strengsten Gegensätze zu
aller Philosophie, aber in Übereinstimmung mit der Theologie
Gogartens, wenngleich untheologisch, *zum Problem* – für uns!
– erhoben wird.“
Darauf Bezug nehmend schreibt Ballmer am 8. März 1929 an
Gogarten:
„Ich erlaube mir, Ihnen meine 'Rudolf Steiner-Blätter' Heft 3/4
mit dem Aufsatz 'Anthroposophie und Christengemeinschaft'
zukommen zu lassen. Heft 1 und 2 werden Sie schon früher
erhalten haben. – Ich habe nachträglich um Entschuldigung
zu bitten, dass ich in Heft 2 ein Privatgespräch mit Ihnen (in
München 1921) erwähne, was gegen den literarischen Brauch
ist. Wenn Sie eine Entschuldigung gelten lassen wollen, so
läge sie für mich darin, dass es mir nicht auf das Persönliche,
sondern auf das Inhaltlich-Sachliche an dem Gespräche – das
mich durch Jahre hindurch erfüllte – ankam. Heft 3/4 will nichts
anderes sein als der recht und schlechte Versuch, in rationell
ehrlicher Weise in die gegenwärtige theologische Diskussion
einzugreifen, aus den Bedingungen eines ernst genommenen
Schicksals.“

91   *die schwarzkuttigen Astlochgucker im Simplizissimus*: Ballmer
meint vermutlich die Satirezeitschrift *Simplicissimus*, 14. Jg.
Nr. 38, München 20. Dezember 1909, S. 669: in einer sechsteili-
gen Bildergeschichte zeigen der Zeichner Olaf Gulbransson
und der Autor Peter Schlemihl (Pseudonym für Ludwig
Thoma) einen mit schwarzer Kutte bekleideten Kleriker, der

durch ein Astloch im Bretterzaun in ein Damenschwimmbad hineinschaut.

96 *Notizblatt, 5. Dezember 1953:* Dieses und die nächsten 6 *Notiz-blätter* gehört zu einer mit *Ka Ba* beschrifteten Nachlassmappe. Mit dem Titel *Notizblatt,* ergänzt um das Tagesdatum und eventuell noch die Ortsangabe *Lamone,* überschreibt Ballmer gerade in den Jahren 1953 und 1954 viele meist sauber getippte kleine Texte von oft durchaus mehr als einem *Blatt.* Zur *Ka Ba-*Mappe schreibt Ballmers Freund *Hans Gessner,* der sich zuerst um die Erfassung von dessen Nachlass verdient gemacht hat: „Aus dem Inhalt dieses umfänglichen Manuskript 'Ka Ba' geht eindeutig hervor, dass alle diese sauber auf der Maschine geschriebenen Notizen an [den Theologen Karl] Barth gesandt wurden. Es kann nicht zweifelhaft sein, dass Prof. Barth sie mit Interesse, wenn auch nicht mit Zustimmung, gelesen hat. K. Ballmer sagte: Karl Barth versteht genau, was ich ihm betr. Rudolf Steiner mitteile. 1. September 1970, Hans Gessner." – Es gibt keinerlei Hinweis auf irgendeine Antwort Barths an Ballmer. Barth stand der Anthroposophie, wohl ohne sich näher mit ihr zu befassen, überheblich kritisch gegenüber, verstand nicht, dass theologische Kollegen oder Freunde wie Friedrich Gogarten, Christian Geyer und natürlich Friedrich Rittelmeyer sich überhaupt dafür interessierten und nahm vom Brand des Goetheanums „mit Genugtuung Kenntnis". Siehe Gerhard Wehr, *Zum Tode Karl Barths (1886-1968),* in: *Mensch und Welt. Blätter für Anthroposophie,* 21. Jg., Januar 1969, S. 26, sowie ein unveröffentlichtes Manuskript von Wolfgang G. Vögele: *Quatsch schlechthin.*

96 *von einem wahrhaft anthroposophischen Chaos:* Barths unvermittelte Bezugnahme auf „anthroposophisch" steht in einem komplizierten Kontext (er befasst sich im Vorwort zur 2. Auflage mit Kritiken an der 1.), der hier nicht darstellbar ist; auch was Ballmer mit „Zauber" meint, kann sich hier nicht erschließen.

98 *„Die Auferstehung der Toten" (Göttingen 1923)*: Ort und Jahr beziehen sich auf die gleichnamige Vorlesung Karl Barths; die Daten der von Ballmer benutzten Ausgabe sind: Karl Barth, *Die Auferstehung der Toten: eine akademische Vorlesung über I. Kor. 15*, 4. Aufl., Zollikon (Evangelischer Verlag) 1953.

103 *Notizblatt, LAMONE, 16. Februar 1954*: Dieser Tag ist der 120. Geburtstag *Ernst Haeckels*; Ballmer unterstreicht das Datum im Typoskript. Siehe dazu auch (S. 121 ff) Ballmers Reaktionen auf den aus diesem Anlass erschienenen Aufsatz von *Hermann Poppelbaum: Ernst Haeckels Bildnis – heute*.

103 *die der Schöpfer der Anthroposophie per Dr. Wachsmuth publik machte*: Guenther Wachsmuth, *Die ätherischen Bildekräfte in Kosmos, Erde und Mensch: ein Weg zur Erforschung des Lebendigen*, 1. Aufl. Stuttgart (Der Kommende Tag Verlag) 1924. Ballmer sah Rudolf Steiner als Verfasser, z. B. in einem Brief an Carlo Septimus Picht vom 27. November 1951: „Ich bin in der Lage, zu wissen, dass in Bd. I des 1924 erschienenen Buches ‘Die ätherischen Bildekräfte’ nicht ein einziger Satz, nicht ein einziges Wort, nicht ein Satzzeichen von Dr. Wachsmuth ist, sondern dass Dr. Rudolf Steiner in Wahrheit der Verfasser ist. Die Sache ist ein Mysterium: Dr. W. hat tatsächlich das Buch geschrieben, aber er entstand als frei tätiges ‘Ich’ beim Schreiben als Produkt Rudolf Steiners, also ist R. ST. der Verfasser." – Vgl. hierzu auch die Ausführungen in: Peter Wyssling, *Rudolf Steiners Kampf gegen die motorischen Nerven*, Edition LGC 3. Aufl. 2016, S. 102 ff.

105 *„DIE ZEIT", von Hedwig Conrad-Martius*: Siehe die Fußnote S. 44, die Ballmer erst während der Drucklegung seines Buches (also auch mit begrenzten Platzmöglichkeiten) einfügte; siehe auch den Entwurf dazu S. 116. Im Nachlass sind noch einige wenige weitere Notizen zu der Lektüre des Buches enthalten, die letztendlich in das ausführliche *Notizblatt* am 5. März 1954 (siehe S. 108 ff) inhaltlich eingeflossen sind, aber zu

Studienzwecken interessant sein können, siehe Website von *Edition LGC*. – Die von Ballmer „speziell" angegebenen „Seiten 257–286" sind das letzte Kapitel, *Eine „ewige" Welt. Strukturelle Entstaltung der empirischen Welt. Kreislauftheorie. „Erster" und „letzter" Tag der Welt. Der kommende Äon.*

105   *O. Cullmann schustert zweckbedingte evangelische Geistespolitik*: Oscar Cullmann, *Christus und die Zeit: die urchristliche Zeit- und Geschichtsauffassung*, Zollikon-Zürich (Evangelischer Verlag) 1946.

107   *Handschriftliche Notiz, 4. März 1954*: Conrad-Martius bespricht in diesem Kapitel S. 95 ff ausführlich Platons *Timäus*; auf der von Ballmer genannten Seite 107 geht es um die Weltschöpfung: „… so bildete der Demiurg die (Welt-) Vernunft in eine (Welt-) Seele und die Seele in einen (Welt-) Körper hinein."

110   *Die entscheidende Ecke am Problemgehalt*: Ballmer bezieht sich auf das Ende des 1. Kapitels, S. 37 ff.

110   *ungebrochen traditionsschöne ontologische Metaphysik*: Siehe das sonstige naturphilosophische Werk der Philosophin, das mit Bezeichnungen wie „Realontologie" oder „Ontologische Phänomenologie" belegt wird.

113   *Die Welt feiert heute Albert Einsteins 75. Geburtstag*: Das Foto des jungen Einstein erschien nicht in der „heutigen" Ausgabe der TAT, sondern am Vortag, Samstag 13. März 1954. Ballmer war etwa 10 Jahre nach Einstein selbst Schüler der Aarauer Kantonsschule, die genannten Professoren waren ihm bekannt. August *Tuchschmid*, Einsteins Physiklehrer, war Rektor der Schule und sagte dem jungen Deutschen eine glänzende Karriere voraus. Ballmers Lateinlehrer August *Gessner* war der Vater von Hans Gessner, seinem späteren langjährigen Freund. In einem Bericht über „das Jugendschicksal Karl Ballmers" (1977) schreibt Hans Gessner:

Nun erfolgte für Ballmer der Übertritt von der Bezirksschule zur Kantonsschule, in die Gymnasialabteilung. Von seinen bisherigen Lehrern war er dem Rektor der Kantonsschule als besonders begabter Schüler empfohlen worden. Dieser stellte ihn nach einer glänzenden Aufnahmeprüfung der versammelten Lehrer- und Schülerschaft als „ersten Geiger" vor. Ballmer hätte in der Folge vom Rektor Tuchschmid jegliche Unterstützung durch Stipendien usw. erlangen können; er gedachte seine Kreatur aus ihm zu machen. Aber: „Dafür war ich unbegabt", erzählte Ballmer. So war seines Bleibens im Gymnasium nicht lange. – Über die Veranlassung des Abganges erzählte er, dass in der Gesangsstunde der bärtige Kopf des Professors ihn mehr interessierte als der Unterricht. So zeichnete er diesen aus dem Hintergrund auf ein Blatt. Der Lehrer bemerkte es und verlangte, dieses zu sehen. Hätte er etwas Humor besessen, dann wäre die Situation damit erledigt gewesen, dass er das gelungene Porträt für sich beansprucht hätte. Stattdessen ging er mit der Zeichnung sich beim Rektor beschweren. Dieser ließ den Sünder vor sich kommen, stellte ihn zur Rede und haute dem immerhin 16-Jährigen eine Ohrfeige herunter. Am selben Abend diktierte dieser seiner Mutter das Schreiben, mit dem er der Schulleitung seinen Abgang von der Schule kundgab. „Mir hatte der Streberbetrieb an der Schule nicht imponiert."

Die beiden anderen genannten Professoren sind der Geologe Friedrich *Mühlberg* und der Mathematiker Heinrich *Ganter*.

114 *Notizblatt, 18. März 1954*: Im *Bekenntnisgebet* ist das Wort „Maria" von Ballmer eingekreist und am Rand mit der Bemerkung versehen: „3, 9, 18". Gemeint ist ist eine Passage aus Steiners Vortragszyklus Das Johannes-Evangelium, Hamburg 1908, gegen Ende des 9. Vortrages (GA 103, S. 165), die sich mit der „Mutter Jesu" befasst.

117 *Brief an Erich Brock, 20. April 1954*: Erich Brock (1889–1976)
war ab 1951 Privatdozent und ab 1963 Titularprofessor für
Philosophie in Zürich. Ballmer stand seit den 40er Jahren
im Zusammenhang mit seiner publizistischen Tätigkeit in
diversen Zeitungen mit ihm in Kontakt. Brock hatte den
Briefwechsel über die motorischen Nerven erhalten und positiv
darauf reagiert. – *Zu Ostern*: Ostersonntag war der 18. April
1954, damit ist also das Erscheinen der *Elf Briefe* ungefähr
datiert. Am selben Ostersonntag beantwortet Brock eine länger
zurückliegende Frage Ballmers: „Wie steht es an der Zürcher
Universität mit dem Gedenken an Richard Avenarius (gest.
1896), der für das ‚Es denkt' etwas übrig hatte?“ Brock kann
dazu nichts sagen, worauf Ballmer nun also diese Ausführungen zu Avenarius macht. – *Ihre kürzlichen Äußerungen über
den Ethiker Brentano*: Außerdem hatte Brock gefragt, was
Ballmer von seinem eine Woche vorher in der Wochenzeitung
Die Tat erschienenen Artikel über *Franz Brentano* halte, sowie:
„Interessieren Sie zwei große philosophische Aufsätze von mir
in der NZZ?“

119 *Notizblatt, Lamone, 29. November 1954*: Dieses *Notizblatt* ist
bereits in der erweiterten Ausgabe des *Briefwechsels über die
motorischen Nerven* (Edition LGC 2013) abgedruckt; siehe dort
S. 205 ff die Anmerkung zu Ballmers Kontakt mit Viktor von
Weizsäcker.

Ernst Haeckels Bildnis – heute

In einer Manuskriptmappe mit der Aufschrift „Pop“ legte Ballmer
einige Notizen und Entwürfe zu dem genannten Aufsatz von
Hermann Poppelbaum ab; davon wird fast alles hier wiedergegeben.
Auch die kleingedruckte Passage auf der ersten Seite der *Elf Briefe*
ist hier enthalten. Das einzige datierte Blatt nennt als Datum den
14. Februar 1954, also stehen diese Blätter vermutlich alle in zeitlicher

Nähe zu Haeckels 120. Geburtstag am 16. Februar; siehe auch das an Karl Barth geschickte *Notizblatt* am selben Tage (S. 103), und siehe im übrigen unser Nachwort, S. 194.

122 *Lehre von den „ätherischen Bildekräften“*: siehe die Anmerkung zu S. 103.

125 *Ich empfinde ein Höheres, Herrlicheres*: Ballmer zitiert aus Steiners *Die Mystik im Aufgange des neuzeitlichen Geisteslebens und ihr Verhältnis zur modernen Weltanschauung*, nach der 2. Auflage 1924, heute in GA 7. Die Sätze finden sich kurz vor Schluss des Buches. In Ballmers (maschinenschriftlichem) Entwurf bricht das Zitat ab, es folgt noch handschriftlich die Bemerkung: „? Fortsetzung des Zitates – –“

127 *der theologische Schöpfer-„Vater“ als der Tod identifiziert*: Rudolf Steiner im Vortrag in Kassel am 6. Juli 1909 (*Das Johannes-Evanglium*, GA 112).

129f *„Haeckel und seine Gegner“*: Ballmer zitiert nach seiner Originalausgabe Minden (Bruns) 1900. Steiners Aufsatz ist heute in GA 30 enthalten; das Zitat steht gegen Ende des Abschnittes II und lautet nach der Abbruchstelle weiter: „unabhängig von einer solchen höheren Weltordnung. Der natürliche Entwickelungsprozess führt die Naturvorgänge herauf bis zum menschlichen Selbstbewusstsein. Auf dieser Stufe überlässt er den Menschen sich selbst, dieser kann nunmehr die Antriebe seiner Handlungen aus seinem eigenen Geiste holen. Waltete eine allgemeine Weltvernunft, so könnte der Mensch auch seine Ziele nicht aus sich, sondern nur aus dieser ewigen Vernunft holen. Im Sinne des Monismus ist hiernach das Handeln des Menschen durch ursächliche Momente bestimmt; im ethischen Sinne ist es nicht bestimmt, weil die ganze Natur nicht ethisch, sondern naturgesetzlich bestimmt ist.“

130 *Dazu ertönt nun die theosophische Botschaft*: Dieses Blatt ist als ganzes durchgestrichen, es ist ein Entwurf für die Fortsetzung

nach „hat durchaus Sartre recht, wenn er verkündet, dass es
den Begriff des Menschen nicht gibt." (siehe S. 124).

132 *Haeckel liefere elementare Theosophie*: Im von Ballmer weiter
unten genannten Vortrag *Haeckel, die Welträtsel und die Theosophie*, Berlin 5. Oktober 1905. Wörtlich (nach der heutigen
Ausgabe in GA 54, S. 19 f): „Wer zu dem, was der Materialist
sagt, noch den Geist hinzuzufügen versteht, der studiert in
diesem Haeckelismus die schönste elementare Theosophie.
– Die Haeckelschen Forschungsresultate bilden sozusagen das
erste Kapitel der Theosophie oder Geisteswissenschaft." S. 27:
„Wenn nun aber der Mensch anfängt, seine inneren Sinne zu
eröffnen, wenn er anfängt, zu hören und zu schauen, dass es
auch eine geistige Wirklichkeit gibt, dann beginnt das ganze
Gebäude elementarer Theosophie, das Haeckel so wunderbar
aufgebaut hat, und das keiner mehr bewundern kann als
ich, einen ganz neuen Glanz, eine ganz neue Bedeutung zu
bekommen." S. 32: „Daher kommt es, dass man aus Haeckels
Ausführungen so gut elementare Geisteswissenschaft lernen
kann."

132 *Schmidt, Jena*: Worauf sich diese handschriftliche Einfügung,
sicherlich eine Notiz zu einem angedachten Zusatz, genau
bezieht, ist unklar. Heinrich Schmidt (1874–1935) war Haeckels
Privatsekretär und Nachlassverwalter, von ihm gibt es einige
Schriften in Ballmers Bibliothek. Jena war der langjährige
Wirkungsort.

140 *Blut ist ein ganz besonderer Saft*: Vortrag von Rudolf Steiner,
Berlin, 25. Oktober 1906, heute in GA 55. Siehe auch die hier
als nächstes abgedruckten Manuskripte *Im Hinblick auf „Blut
ist ein ganz besonderer Saft"*.

Im Hinblick auf „Blut ist ein ganz besonderer Saft"

Die Manuskripte dieser Nachlassmappe sind in den Jahren 1952
und 1954 entstanden. Im März 1952 hatte Ballmer mit einer jungen
Bekannten (Mathilde oder „Tildi" Zimmermann) zusammen auf
deren Bitte hin den Steiner-Vortrag *Blut ist ein ganz besonderer
Saft* (siehe die Anmerkung zu Seite 140) studiert. Die ersten beiden
Schriftstücke, vermutlich aber auch noch das dritte und vierte sind
im Zusammenhang damit, also 1952 entstanden. 1954, im Anschluss
an die Beschäftigung mit dem Haeckel-Thema, führte Ballmer die
Reihe weiter. Ob und wie Ballmer eine Gesamtreihenfolge vorgesehen hat, ist unklar, da beim 4. hier wiedergegebenen Schriftstück
eine neue (ebenfalls römische) Nummerierung einsetzt. Auch was
Ballmer mit „Übung" (siehe S. 160) meint, ist unklar.

Zum Thema „Blut" – im Zusammenhang mit der „Kraft der Erinnerung" – siehe auch Ballmers Bemerkung in *Die moderne Physik
ein philosophischer Wert?*, Edition LGC, 2. Auflage 2010, S. 17 f.

144 *Der „allgemeine Physische Körper" ist schlechterdings d a s
Fundament der Anthroposophie.*: Siehe hierzu in einem der
„Arbeiter-Vorträge" Rudolf Steiners (GA 349, Dornach,
21. März 1923): „Das kleine Kind gibt an den Körper eine
ganze Weltenweisheit ab. Es ist ja so furchtbar schmerzlich,
so furchtbar traurig, dass die heutige Wissenschaft keine
Ahnung hat von dem, was im Leben vorgeht, wie das kleine
Kind eine Weltenweisheit, die es sich angeeignet hat, abgibt
an den Körper, wie es allmählich hineinwächst in die Augen,
in die Hände. Allmählich wächst es da hinein, gibt die ganze
Weisheit des Ich an den Körper ab, während das Ich eigentlich
früher die ganze Weltenweisheit besessen hat. – Es wird Ihnen
vielleicht sonderbar erscheinen, aber es ist doch eigentlich
wahr: Woher kann man, wenn man nun wirklich die Anthroposophie beherrscht, den Leuten etwas erzählen über das
Weltenall? Man kann einfach aus dem Grunde etwas erzählen

über das Weltenall, weil man sich zurückerinnert an die erste
Kindheitszeit, Säuglingszeit, wo man noch das Ganze aus der
Erfahrung vorher, bevor man in den Leib hineingekommen
ist, gewusst hat. Und Anthroposophie besteht eigentlich darin-
nen, dass man diese ganze Weltenweisheit, die man an den
Leib abgegeben hat, nach und nach wiederum aus dem Leib
herausbekommt."

144 *Um nicht einfach altgewohnte Vorurteile*: Oben auf diesem
Blatt vermerkt Ballmer handschriftlich: „Es ist nun einmal
nicht anders: man *liest* in einem Texte stets genau soviel, als
man schon *weiß* ".

147 *R. St. in den Pfingstvorträgen über Thomas von Aquino*: GA 74,
letzter der drei Vorträge (24. Mai 1920), S. 92.

148 *Dr. Carl Ungers „Grundlehren der Geisteswissenschaft"*: Berlin
1910, 2. Auflage Dornach 1929. Das Buch umfasst die drei
Abhandlungen *Das Ich und das Wesen des Menschen* (1910),
Naturwissenschaft und Geisteswissenschaft (1910) und *Gedanken
zur Philosophie des Widerspruchs* (1911). Später unter dem Titel
Die Grundlehren der Anthroposophie enthalten in: *Schriften*,
Erster Band, Stuttgart 1964. Das Zitat steht ganz am Ende der
dritten Abhandlung.

149 *„Der Tod ist der ewig lebendige Vater."*: Rudolf Steiner im
Vortrag in Kassel am 6. Juli 1909 (*Das Johannes-Evanglium*,
GA 112). Wörtlich: „So war durch den unschuldigen Tod auf
Golgatha der Beweis geliefert, den die Menschen nach und
nach verstehen werden: dass der Tod der immer lebendige
Vater ist!"

150 *In Hamburg sagte R. ST. am 16. November 1912*: Dieser Vortrag
Christus im 20. Jahrhundert, gehalten im Pythagoras-Zweig
Hamburg der Theosophischen Gesellschaft, ist auch heute noch
ungedruckt. Eine maschinenschriftliche Vervielfältigung ist

sichtbar unter http://www.steiner-klartext.net/pdfs/19121116-01-01.pdf. Das Zitat findet sich dort auf S. 22 f.

151 *„Anthroposophie, ein Fragment aus dem Jahre 1910"*: GA 45. Siehe die Bemerkungen hier im Nachwort S. 189 f.

154 *R. ST. Der Egoismus in der Philosophie, 1899:* Der Aufsatz ist geschrieben für den von Arthur Dix herausgegebenen Sammelband *Der Egoismus,* Leipzig 1899. Später unter dem Titel *Der Individualismus in der Philosophie* in den gesammelten Aufsätzen GA 30. Zu diesem Aufsatz und zur Änderung des Titels siehe Steiners *Mein Lebensgang,* Kapitel XXXI, sowie Ballmers Broschüre *Editorin Marie Steiner,* Verlag Fornasella 1954.

157f *Lenin, der ein vortreffliches Buch gegen Berkeley, Avenarius und Mach geschrieben hat (1908): Materialismus und Empiriokritizismus – Kritische Bemerkungen über eine reaktionäre Philosophie.* Ballmer besaß die deutsche Ausgabe im Verlag für fremdsprachige Literatur, Moskau 1947. Das Zitat (in Kapitel I, Abschnitt 3) hat er am Anfang sinngemäß eingeleitet, die wörtliche Zitierung beginnt bei „die Natur, die Außenwelt …".

159 *Bewusstsein sei ein Singular, dessen Plural unbekannt sei.:* Es sind verschiedene Varianten dieses recht bekannten Zitates von Erwin Schrödinger im Umlauf, weil es verschiedene Übersetzungen des original englischen Buches gibt: *What is Life? The Physical Aspect of the Living Cell,* Cambridge University Press 1944. Das Zitat steht auf S. 89, im Epilog kurz vor Ende des Buches: „The only possible alternative is simply to keep to the immediate experience that consciousness is a singular of which the plural is unknown (…)". Deutsch beispielsweise: *Was ist Leben? Die lebende Zelle mit den Augen des Physikers betrachtet,* München 2011.

161 *Wie ein Stück Eis, das auf dem Wasser schwimmt*: Rudolf Steiner, *Theosophie* (GA 9), Beginn des Kapitels V, *Die physische Welt und ihre Verbindung mit Seelen- und Geisterland*.

163 *Die Wiedergeburt der Erkenntnis, von Dr. Hans Erhard Lauer*: Siehe die Bemerkungen oben im Nachwort S. 186 ff. Das Zitat findet sich auf S. 177.

166 *Wenn in dieser Frage die Erwartung enthalten sein sollte*: Dieses und die beiden folgenden Notizblätter werden hier der Vollständigkeit halber wiedergegeben, auch wenn der Zusammenhang teilweise unklar ist.

169 *Der Begriff des „spirituellen Materialismus"*: Dieser Begriff ist wohl Ballmers Erfindung, siehe S. 150.

169 *„Der Tod ist der Vater".*: GA 112, S. 243 (6. Juli 1909): „So wie der Mensch lernen muss von einem jeglichen Ding zu sagen: 'Es ist der Vater in Wahrheit', so muss er lernen, sich zu sagen: 'Der Tod ist der Vater.'"

170 *Oben und unten*: Steiner zitiert im *Blut ist …*-Vortrag den Satz des *Hermes Trismegistos* (aus der *Tabula Smaragdina*), „der als Grundsatz aller Geisteswissenschaft gilt, der der hermetische Grundsatz genannt worden ist und der heißt: 'Es ist oben alles wie unten.'"

172 *Das Blut gehört zum Herzen*: Diese Notiz, wohl von 1955, ist nicht Bestandteil der genannten Nachlassmappe, sondern lag als Zettel einem Buch bei.

Eine Zentralidee des 20. Jahrhunderts

Dieser auf den 23. Februar 1950 (Ballmers Geburtstag) datierte Artikel wird hier erstmalig veröffentlicht. Er liegt zusammen mit einem weiteren, neun Tage älteren Aufsatz *Picasso und Karl Barth* in einer Nachlassmappe. Letztgenannter Text war in Herbert Hillringhaus' Zeitschrift *Die Kommenden* (Freiburg i. Br.) gedruckt worden. „Törichterweise schrieb ich dann gleich noch einige weitere Artikel, die folgerichtig aus dem Thema 'Picasso und Karl Barth' heraus wuchsen.", schreibt Ballmer am 14. März 1950 an Erich Schwebsch. Demnach könnte auch der *Zentralidee*-Aufsatz für diese über das anthroposophische Milieu hinaus zielende Zeitschrift gedacht gewesen sein.

Der angesprochene Aufsatz von Gebhard Frei *Reinkarnation und katholischer Glaube* kann auf der Website von *Edition LGC* unter den Materialien zum vorliegenden Buch heruntergeladen werden.

173 *verhinderte, dass Rudolf Steiner ins schweizerische Bürgerrecht aufgenommen wurde*: Im Oktober 1922. Siehe aus den Materialien des Rudolf Steiner Archivs in Dornach: *Rudolf Steiners Fremdsein in der Schweiz*, in Zeitschrift *Die Drei*, Heft 6, 2014, S. 140 ff, online unter www.rudolf-steiner.com/wp-content/uploads/Fundstueck6.pdf.

174 *Lüge dir vor, dass es den Gott gibt*: Siehe oben S. 40 und die Anmerkung dazu.

174 *Dr. Jung in einem der zu jener Zeit üblichen feierlichen Interviews*: In *Die Weltwoche*, Zürich, 11. Mai 1945, S. 3: *Werden die Seelen Frieden finden? Ein Interview mit Prof. Dr. C. G. Jung.*

176 *Kardinal Mercier … in seiner berühmten Psychologie*: Désiré-Joseph Mercier, *Philosophische Psychologie*; mit Gebhard Freis Angabe (8. Auflage 1908, S. 365) ist wohl die französischsprachige Originalausgabe gemeint.

177 *dass es keine Möglichkeit gibt, zum Begriffe des Geistes zu kommen ohne Verständnis der Wiederverkörperung*: Siehe oben S. 34 f sowie die Anmerkung dazu.

178 *Dr. Carl Ungers „Das Ich und das Wesen des Menschen"*: Siehe Anmerkung zu S. 148.

178 *den Heinrich Heine als die heimliche Religion der Deutschen erkannte*: in *Zur Geschichte der Religion und Philosophie in Deutschland* (1833/1834).

Personenregister